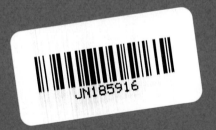

飯山一郎の世界の読み方、身の守り方

23世紀の新日本人へ向けて、
私たちの命をつなげ！

乳酸菌大量培養器、グルンバ・エンジン。
廃水や汚泥を激しく回転し、摺り合わせを繰り返すことで、汚水中の有機物を超微粒子化させ、光合成菌や乳酸菌などの発酵菌群を大量に安価で拡大培養できる。地球上の土壌を改良し世界の農業を大変革させる可能性を秘めている。（写真は太久保酒造のグルンバ・エンジン）

ナチュラルスピリット

ブログを通じて、今、最も力を入れて拡めている日本茶。中でも緑茶は放射能に対する防護効果に優れている。

豊富な知識、人生経験で培った智慧、卓越した分析力。国際アナリストとして的確に未来を予測する。

世界中で激減しているミツバチを蘇らせるための秘策とは? その答えは 20 年以上も研究してきた乳酸菌にある。

はじめに

この本をお買いになられ、「読むぞ！」と氣張っておられる皆さんに、まずは、自己紹介めいた話をさせていただきます。

最近、「私、名前は〝飯山一郎〟と申します……」とかと講演会で切り出した途端、講演会場から拍手がわくのです。この拍手は……、今、ブームになっている「豆乳ヨーグルト」。あと「米とぎ汁乳酸菌」や「玄米乳酸菌」を自宅で培養できることを広く世の中に初めて提唱した人物が「飯山一郎」だからでしょう。

私は東日本大震災直後から毎日毎日、「乳酸菌は健康に良い！　その乳酸菌が自宅で簡単に培養できます。米とぎ汁や玄米を使うだけの簡単な方法です」と訴え続けてきました。

乳酸菌を摂取することで、放射線障害が発症しない健康づくりができる！　という私の提案と訴えが何百万人の方々に受け入れられ、それが「乳酸菌運動」となって日本全国に拡散していきました。今も広がり続けています。

こうして、「飯山一郎」という70歳の爺さんは、一躍有名になって、花咲か爺さんみたいな人氣者に成り上がったのでした。ありがたいことです。しかし、この「飯山一郎人氣」は、よく考えると……、いや、よく考えなくても、喜ばしいことではないし、私自身、嬉しい！とは思っておりません。私の「玄米乳酸菌」は、いわば「地獄に仏」みたいなモノだからです。この場合の「地獄」とは、残酷無残な「この世の生き地獄」のことです。

この「生き地獄」を冷静に見つめ、見つめ続け、その絶望のなかから一筋の希望を見いだす作業。これができる人は、必ずや希望を見いだします。死にません。

さあ、これから私と一緒に、絶望を見つめ、絶望のなかから希望をつくる知的な作業を開始しましょう！

まず私たちは、絶望を冷静に見つめる作業をしなければなりません。

さて！２０１１年3月の時点から出発しましょう。

３・11。この日、東電福島第一原子力発電所（フクイチ）の原発が大爆発し、１０００トン以上の核燃料が周辺に吹っ飛んで拡散し、あるいはメルトダウンして地下に臨界デブリ（核燃料の塊）をつくりました。このためフクイチの一帯には、巨大なムキ出しの「天然の原子炉」が出現し、「露天臨界」をするようになりました。

このムキ出し型の天然原子炉には2種類の型があります。一つは、「青空天井型」で、１０００トンもの核燃料がフクイチの周辺に飛び散って、それら青空天井にムキ出しの核燃料が放射線を出しまくって「露天臨界」している天然原子炉。二つ目は、「地下デブリ型」の天然原子炉で、これは多分、1号機～3号機のうちの二つの原子炉の核燃料がメルトダウンしてメルトアウトし、地中に沈下した天然原子炉です。とくに「地下デブリ型」の天然原子炉は、激しく臨界して超高温の臨界熱を発しながら地中を沈下中です。つまり「チャイナ・シンドローム」。この時、臨界熱によって核物質は沸点に達して沸騰します。沸騰すると蒸氣が発生します。この蒸氣とは核物質（金属）の超微細な粒子です。大きさは、1万分の1～10万分の1ミリメートル。この膨大な量の放射性物質（ウランやプルトニウム）の超微粒子（ホットパーティクル）が、過去5年もの間、日本列島全域に拡散したのです。もちろんアメリカ大陸にも偏西風に乗って飛散して行きました。その間、東電と政府は有効な対策を打たず、放置したままでした。一切全く何もしなかったのです。一切全く何もしないまま、5年が過ぎ、やがて6年が過ぎてゆく……。これは永久に続く殺人行為です。殺人犯は、政府と東電。万死に値する！と言うべき犯罪行為です。

もっともっと重大な問題があります。それは、殺人犯よりも殺される側の問題です。殺される側は、フクイチ産の致命的なホットパーティクルを、なんと4年間も5年間も吸い続けてしまいました。これは只事ではありません。はっきり言えば、日本人が（全員死滅して）滅亡することが必至という事態なのです。考えてもみて下さい……。ヒロシマ・ナガサキの原爆は、一瞬間の爆発でした。ピカドン！　一瞬で終わりました。チェルノブイリは、ゴルバチョフ大統領が数十万人の兵士と囚人まで動員して10日間で鎮圧しました。それでも、これまでの犠牲者は数千万人もの数になっています。

いっぽう、フクイチは4基の原発が大爆発して、１０００トン以上の核燃料・核物質が環境中に飛散し、あるいは地下でデブリになりました。ナガサキは約6キログラムのプルトニウムが使用されたのですが、フクイチは１０００トン……、単位がまるで違うのです。だから悲惨さも、ヒロシマ、ナガサキ、チェルノブイリなどとは桁違いの「生き地獄」、「大量死地獄」になってしまうのです。そのため私たちは、今後、戦争をも上回る過酷きわまりない悲惨な体験をすることになります。戦争がどれほどの人間を抹殺したところで、それは当事者世代だけに止まるのですが、「ゲノム破壊性」という核物質の悪夢は無限連鎖的に次世代遺伝子を破壊し続けるのです。そしてソレは、これまで「ニンゲン」という種が経験したことのない世界を現出させることになります。想像を絶する「生き地獄」が末代まで続くのです。いったい私たちは、どうしたらよいのか？　想像を絶する「生き地獄」のなかで……、日本人は、人間は、如何に生きるべきなのでしょうか？

響堂雪乃という思想家は、「豚のように生き抜こう！」と、ブログに書きました。2年以上も前のことでした。「豚のように生き抜く！」とは、一体どういうことなのでしょう？

それは……、飯山一郎がはっきりと書きます。

人間的であることを止めることです！

すでに私たちの生活と生命は、理性の領域ではなく動物本能の領域に入っています。モラルよりも倫理よりも、民主主義よりも社会正義よりも、動物的な危機察知能力が必要な「自然状態」（ホッブス）になっています。ですから、「豚のように生き抜け！」という言葉のとおりに……、私たちは今後、市民的規範や道徳倫理に縛られることを捨てて、誰に後ろ指を指されようが、不格好で惨めであろうが、友人や知人に関係を断たれようが、卑怯だ！と罵倒されようが、軽蔑されツバを吐かれようが、ひたすら自身と家族のことだけを考えて生き抜き、生き残っていくべきなのです。

そうは言っても……、具体的にどうしたら良いのか？と、途方にくれる方々も多いと思います。今、「崩壊する日本」の中で、ほとんどの言論・思想・学問が、放射能まみれの現実への具体的な対応性を欠いた「死んだ学問」、「役立たずの思想」が多く、実際、現代日本の知識人は「崩壊中の現実」が全く見えなくなっています。

昔、道元禅師は、国家社会の危機状況の中で生き抜くための仏教哲学を提唱しました。同時に、茶碗の持ち方から箸の上げ下ろしの作法、はては水の選び方、湯の沸かし方、茶の入れ方まで、過酷な日常生活のなかで知恵をもって生き抜く、その具体的な方法と技術を提示しました。高邁な思想・哲学を説く学問は多いのですが、日常生活や人間関係の些細な局面での知恵を存分に説いた学者・思想家は、日本では道元禅師だけです。

拙著は、道元禅師には到底およびませんが……、それでも、日本という国家社会が終末期を迎え、崩壊していく、その様相と構造を解明しながら、放射能社会のなかで健康な日常生活を送るための具体的な知恵とノウハウもふんだんに提示しています。

ですから本書は、机の片隅だけでなく、本書中に提唱・提示された知恵と技術を、是非とも脳と精神の片隅において……、かつ、「豚のように！」生き抜いていってください。

2016年新春

梅の蕾膨らむ薩摩国・志布志にて　飯山一郎 拝

目次

第6章 乳酸菌と農業

第7章 ミツバチ

第8章 豆乳ヨーグルト

【編者注】

本書第１部～３部は、飯山一郎の過去から現在に至るまでのブログの記事を中心に、講演会録やインタビューなどをまとめたものです。飯山氏からの依頼を受け、同氏と長く親交があり、雑誌「スターピープル」で記事を担当した長川亮一が取材を重ね、編者として構成を受け持ちました。写真は編者撮影のものを使用しています（一部写真は被写体本人等からの提供）。

また、編者の希望により飯山氏の許可を得て、人は物ではなく「者」であるという考えから「人物」を指す場合は「本者」と表記しました。同様に、漢字の「気」を、日本人が古くから神様にお供えして感謝を捧げる「米」を使った「氣」を使って表記しています。言霊の波動を高め、本書のエネルギーを向上させることにつなげたいと考えているためです。

なお、本書内の情報は２０１５年12月までのものです。その後の変化については、飯山一郎の各種サイトに随時掲載しています。

第1部

技

パラダイムシフト

混迷の日本で生き残る術

序章

自己紹介

読者の皆さん、こんにちは！

飯山一郎です。

私は発明家として、上海での汚泥処理機の開発など多様な事業を手掛けてきましたが、２０１２年に『横田めぐみさんと金正恩』（三五館）を出版しまして、現在は鹿児島県志布志を拠点とし、「飯山一郎のLittleHP」（巻末INFOMATION参照）というブログを中心に複数のサイトを運営し、ブロガーとしてインターネットを中心に情報発信を続けています。

私をよくご存知でない方もいらっしゃると思いますので、簡単に自己紹介から始めさせていただきます。

私は１９４６年1月17日、栃木県真岡市の屋敷で生まれ育ちました。家には大量の蔵書があって、立教大学法学部に入学するまでの青春時代は読書を抜きには語れません。

１９７３年のオイルショックが起こる頃、藤原肇氏（評論家）の石油危機到来を予測した本を読む機会があり、重油や灯油、シンナーなどを十分に買い込んでおいたところ、予想通りに石油危機が来たので、それらを販売して数千万円もの財産を作ることができたんです。そのお陰で就職もすることなく、自分のやりたいことをしながら生きてきました。

私が30代の初め、ある知人の方から中国に行くことを勧められました。

初めての中国のあまりのスケールの大きさに、ただただ圧倒されたことをよく覚えています。そして、秦の始皇帝の墓を掘るボランティアに参加しました。

台湾の高雄市郊外にある仏光寺という修行道場では、数千人もの坊さん、尼さんの排泄物の悪臭を乳酸菌で解消したことがありました。現地のテレビでその模様が放映されると、それを見た福建省の資産家からお声が掛かり、それが縁で上海鉄道大学（２０００年に国立同済大学に合併）が作った「環境と健康技術研究所」の教授に就任することとなりました。

そこの教え子に上海の薬屋の息子がいまして、彼の父親と懇意となり家に招待されたことがありました。自宅の中には図書館のような大きな蔵書室があり、そこで偶然に見つけた本が『傷寒論《しょうかんろん》』の原本でした。この本は漢方のバイブルと言われ、その中をパラパラとめくっていた時に、「蓬《よもぎ》を海水に漬けたものを飲むと疫病にはならない」と書かれていた。私が下痢をした時、それを試したら本当に治ってしまったんです。中国では１８４年の黄巾の乱で２億人の人口が数百万人にまで減ったそうで、その後も度々発生するパンデミック（世界的な伝染病の感染の流行）に対抗するために、漢方が発達してきたという激動の歴史を知ったわけです。

蓬が見事に下痢に効いたので、それを培養できないかなと実験をしてみましたが、海水の濃度は3パーセントで強過ぎる。シアノバクテリアは地球上で初めて酸素を作ったと言われ、彼らが誕生したときの海水濃度が0・9パーセントだというデータを見つけたので、0・9パーセントで試しました。でも、なかなか上手く実験が進んでくれない。ある時、ミネラルが豊富だろうと思って黒糖を入れたところ、爆発的に培養が可能となり、しかも腐らない。それを腐敗物にかけたら悪臭が見事に消えてしまった。

この経験がキッカケとなって、微生物の世界を本格的に研究し始め、それがグルンバ・エンジンの開発や微生物の大量培養、土壌改良や悪臭除去などの仕事につながることになるわけです。私にとって、中国は肌に合う国柄です。物価も安くとても生活しやすいので、余生は中国で骨を埋めようと考えていました。

その矢先、２０１１年3月11日、東日本大震災（以下、3・11）により、世界に激震を起こす東京電力福島第一原子力発電所（以下、フクイチ）のあの大事故が勃発してしまったわけです。昔、広瀬隆先生の原発事故を予測した本も読んでいましたが、それがついに現実になってしまった。その日を境に、自分が培ってきた微生物の知識と技術、特に乳酸菌は私の十八

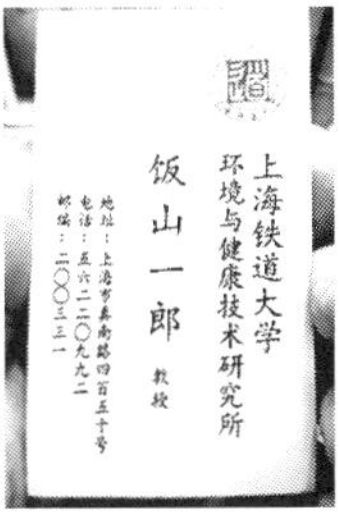

「上海鉄道大学 環境と健康技術研究所教授」時代の名刺。

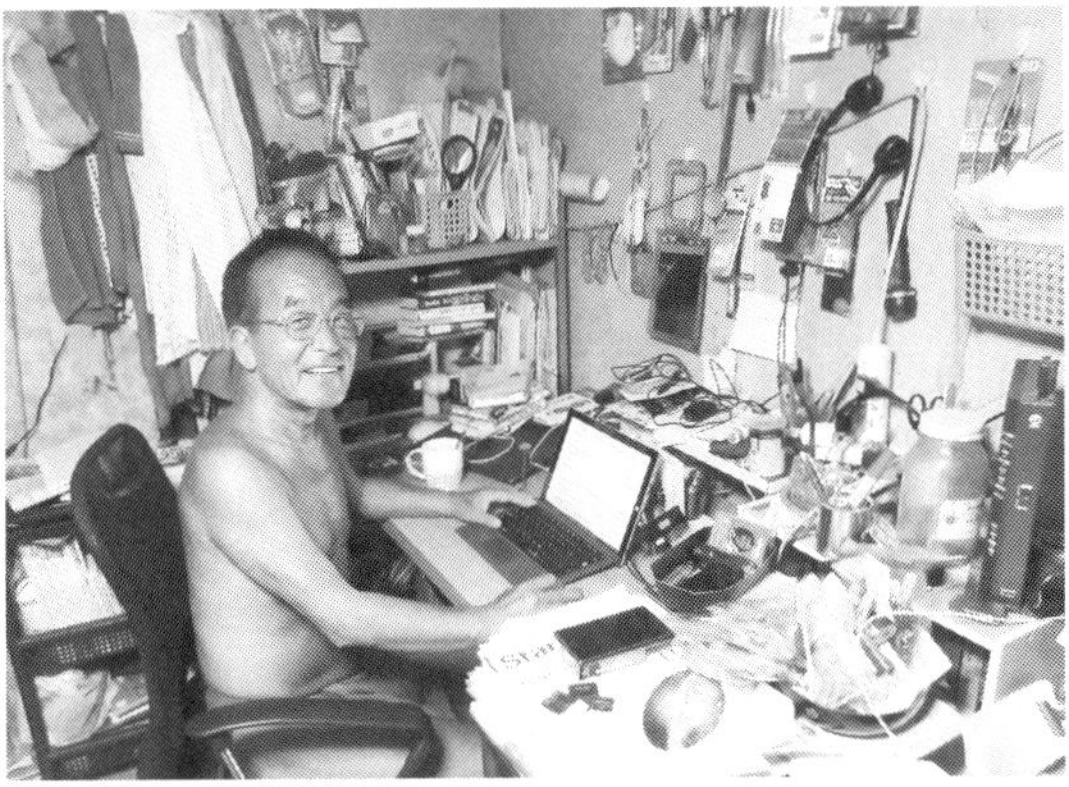

鹿児島県志布志市のオフィス。連日連夜、ここから世界に発信する。

番ですから、乳酸菌づくりのノウハウを無料で公開しながら現在に至ります。周囲には無料で公開することへの反発もありましたが、そんな悠長なことが言えるような時ではありません。一刻も早く、一人でも多くの日本人を助けたい一心でしたから。

フクイチの4基の原子炉が地震によって損傷し、炉心溶融を起こし、それらが次々と爆発して人類史上最悪の原子力事故となり、それはいまだに収束の目途も立たないままです。

私は、この本を通じて、この最悪の状況下の日本でいかに生き延びるかというノウハウを始めとして、私の伝えたいさまざまなメッセージをお伝えしたいと考えています。

どうか、私の命の叫びだと思って読んで下されば本望です。

祖国・日本を愛する想い

私は現在もブログで、好きなように自由に書きまくっていますが（笑）、最初の頃は主に日本の古代史が大きなテーマでした。ところが3・11を機に、私のメインテーマは大きく方向転換せざるを得なくなりました。

ブログのアクセス数も最近は格段に増えていて、「飯山一郎は日本一、元氣な爺さんだ」とよく言われますが、一部には「飯山一郎の文章は過激過ぎる」と悪く言われる方もいます。

ネットで誹謗中傷されることなど日常茶飯事ですがね、私は全く氣にもしませんよ。ワハハハハハ！

私にはね、根拠のない自信があります。それはね、「私が生まれ育ったこの日本という国を愛する氣持ちだけは誰にも負けないんだ！」という一途な想いです。この想いに素直になった時、不思議と怖いものはなに一つなくなってしまいます。そして、腹の底から沸沸とエネルギーが湧き上がってくるんですよ。

さて、せっかくこの本をお読み下さる読者の方々には申し訳ありませんが……。

冒頭でいきなりですが、申し上げておきたいことがあります。

それは、最初に、絶望を感じざるを得ない情報をお伝えします。

それによって、絶望のどん底に沈んでいただきます。

絶望を感じるような情報とは最悪な情報でもあります。

では、なぜ、敢えてそんなことを伝える必要があるのか？

それは、今の日本の現状をしっかりと認識できると、次の対策が打てるからです。

やがていつの日にか、この最悪の情報が最良の情報だったと思えることになるはずです。

だから、私はどんなに憎まれ役になろうとも、どんなに陰口や悪口を言われようとも、私の想いをお伝えさせていただきます！

ということで……、こんな爺さんでもよろしければ（笑）、しばしお付き合いのほど、よろしくおたの申します。ね、皆の衆！

第1章　日本の今

未曾有の危機

まず、この日本の現状は本当はどうなのか？

私はブログに自分の電話番号☎090-3244-5829を公開していますから、ひっきりなしに読者の方々から電話がかかってきます。でもね、不愉快な電話はたまにはあっても、不思議なことに嫌がらせや脅しの類の電話は今までに一度もありません。電話を下さる方の多くが、本当に真剣に日本の将来を心配されています。

その通りで、今、我が国は歴史始まって以来の危機的状況にあります。この深刻さは、世界のいかなる民族も経験したことがないほどのものです。

3・11が発生してからすでに5年近くが経過したのに、いまだにフクイチでは大氣中と海水中に放射能が漏れ続けています。チェルノブイリの原発事故でさえも、早急に石棺で覆って短期で放射能の拡散を防いだわけです。残念なことに、日本には防御する技術もなければ、緊急時に対応できる政治家もいなかった。そして、私たちはこの間もずっと放射能を吸い続けています。この現実を、まず、しっかりと認識しなければなりません。

壊れ続ける日本

明治維新以降、日本はおかしくなり始めて、１９４５年の敗戦以降はアメリカに骨抜きにされて現在に至っていると言えます。

欧米人は日本人を恐れていたし、畏れてもいた。だから、日本人と日本という国家を徹底的に解体してしまえということで、犯されて蹂躙されて破壊され、それは現在でも続いています。私の試算では少なく見積もっても３０００兆円をアメリカに貢がされたと思っています。大部分の日本人はそれさえも氣づいていません。戦後、アメリカは日本に対して３Ｓ政策を取りました。３Ｓとは、Ｓｐｏｒｔｓ（スポーツ）、Ｓｅｘ（性）、Ｓｃｒｅｅｎ（映像）の頭文字を意味します。これで見事に日本人は、弱体化させられています。他にも食、教育、家族制度、医療など、ありとあらゆる分野で旧き良き日本の伝統が破壊されてしまいました。戦後、たった70年でですよ！　私は、スポーツが広まったことに異論はないし、歓迎すべきことだと思います。メジャーリーガーのイチロー選手は大好きですし、彼の残した功績でどれだけ多くの日本人が自信と誇りを感じられていることでしょう。

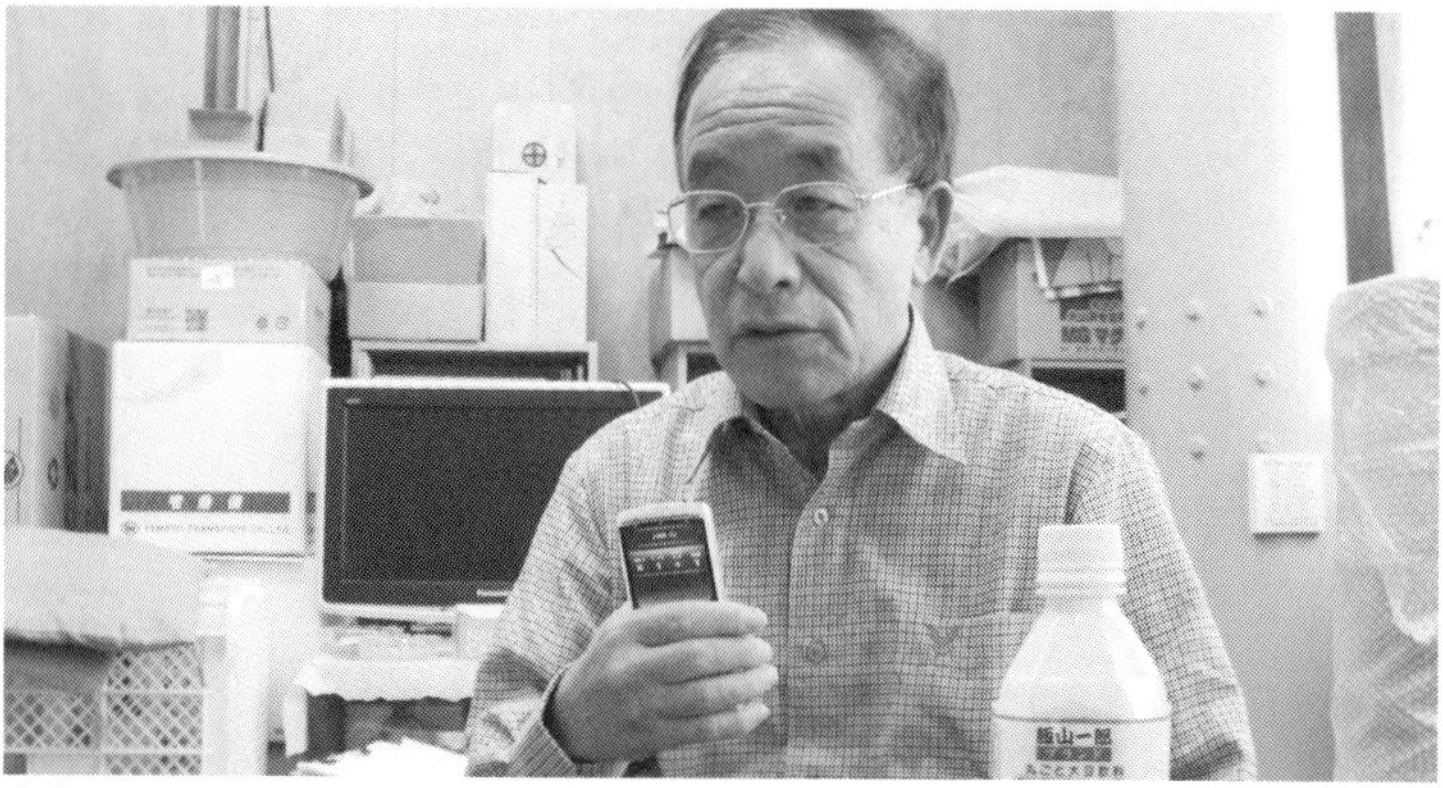

出荷をしながら全国各地からの電話相談に、懇切丁寧に対応。

３Ｓの中で厄介なのは、映像です。私は吉永小百合さんの大ファンで、青春時代にはずいぶんと心をときめかせたものです（笑）。だから、映画もテレビも否定はしません。問題はテレビのニュースなどに代表される政治経済社会世界情勢などの報道です。日本は何社もの新聞社がテレビ局も持っていて、これは世界的にはあまり例がないんです。日本の大手のマスコミはどこもコントロールされてしまっているので、政府に都合の悪い報道はしません。各マスコミのトップは接待を受けて馴れ合いになっています。全く情けない！

本来、権力の暴走や迷走を厳しくチェックすべきマスコミにして、この体たらくです。フクイチの放射能の現状や食品汚染、また、それを世界がどう思っているのかなどの最も重要な報道がほとんどなされていない。インターネットに慣れていない高齢の人たちの情報源はテレビと新聞が中心になり、その報道になんの疑いも持たない人が今でもかなりいます。これでは、テレビは洗脳マシンと同じです。この悪影響を防ぐには、観る番組を選ぶことです。ところが、大半の人はテレビの悪影響で脳内がバラエティ化してしまっています。大変な危機がじわじわと忍び寄っていることにも氣づけない。

大きく変わり果ててしまった日本人

昔の日本は、本当に美しい国でした。私の生家にはたくさんの蔵書があり、歴史から文化、政治、経済などあらゆるジャンルを片っ端から読み漁ったものです。日本の素晴らしさを知れば知るほど、寝食も忘れて必死で日本について勉強しました。国内もくまなく旅行して、四季があって風光明媚な美しい日本に生まれた幸せをいつも感じていました。

　ところが、今の日本は全く変わってしまった。あの頃の日本人と比べると、今の日本人はまるで別の人種みたいです。残念ながら、あんなにきれいだった日本はもうありません。26年前、日本は世界に冠たる経済大国でした。東京23区の半分を売ればアメリカ大陸が買えて、日本を売れば世界中が買えると言われたほど豊かでした。当時、アメリカの金融資本のゴールドマン・サックスが日銀の三重野康総裁と宮沢喜一総理を脅し、一瞬にしてバブルが崩壊させられました。それから現在まで下降し続けて、２０１６年が失われた26年目です。

失われた21年目に福島原発４基が大爆発を起こし、今もむき出し状態のままです。私のブログの読者からも放射能の空氣線量の高さを心配する電話がたまにありますが、外部被曝よりも心配しなければならないことは、内部被曝です。私たちはこの日本列島で、もう5年近くも吸い込み続けてしまった(内部被曝)放射性物質が、これから体内で悪さをしていきます。しかも、日本列島の火山地帯の断層の上に50基の原発が残っています。原発の耐用年数は約40年と言われていますから、それらのほとんどはそろそろ限界に近づいてきています。それらがこれからしばらくして老朽化して、必ずやメルトダウンするか爆発していきます。

最近の報道でも、都道府県にもよりますが葬儀場が予約待ち状態です。福島県の新聞の中のお悔み欄では、若い方の死亡が目につくようになっています。このように、日本は多病社会、多死社会の潮流に巻き込まれてしまいました。それでも、相変わらずに放射能が漏れ続けている日本で、私たちは生きていかなければなりません。

私の本音

私がブログで書く文章は、ぶっきら棒で味も素っ氣もありません。色氣も艶もない。

それなのに、たくさんの方々が読んで下さるので本当にありがたいことです。

この紙面を通じて、改めて心から御礼を申し上げます。

私が管理しているサイトが幾つかあって、1日に合計32万近いアクセスがあり、私もいい加減なことは書けません。

２０１６年1月で70歳になる老いぼれ爺さんですが（笑）、読者の方々を故意に誘導したり、誤った情報を出さないようにという思いだけは、誰よりも強く持っています。でも、人間ですから、たまに間違うことはあります。その場合でも、正直に謝ることが大切だと思っています。

ところで、私のサイトの一つに、「放知技《ほうちぎ》」（巻末INFOMATION参照）があります。これは私のブログ「飯山一郎のLittleHP」の掲示板です。

「放知技」の名前の由来は「放射能地獄を生き抜き生き残るための知恵と技術を伝え合う掲示板」です。特に最近は、ここへのアクセス数が急激に伸びています。それだけ、真実の情報を知りたい人々がいることの証明なのでしょう。

「放知技」には、さまざまな方々からご意見を頂戴しますが、中には私が危険を煽りすぎだと批判される方もいます。チェルノブイリの原発事故により、ベラルーシのその後の人口や疾患の状況の統計が前例としてあるわけで、危機管理の第一法則として最悪の事態を想定しなければなりません。だからこそ、人にどう言われようが私は頑としてそのスタンスは崩さないんです。だけどね、こういうことは本来は政府がしなければいけないんじゃないですか？

これが私の想いです。そして、今も挫けずに、一本の芯を持ち続けながら、絶対にぶれないぞ！と老骨に鞭を打ちながら、情報を発信しているわけです。

私はこの日本が大好きなんですよ。本当にね、好きで好きで仕方がないんです！だから、祖国・日本のために生きたい！そして、祖国・日本のために死にたい！この想いはこれからも永久に変わりません！不肖・飯山一郎、己の魂を燃えたぎらせながら、冥土に行く最後の最後まで、ど根性で必死で闘います！老いぼれ爺さんにはなってしまいましたが（笑）、私には若い人たちが持てない智慧という強力な武器があります。これをフルスロットルで全開にしながら、これからも死に者狂いで闘い続けて行きます！

放射線障害で亡くなってしまった大切な多くの友人や知人たちの分まで、俺は生き抜く！それが、今もこうして生かされている私の、彼らへの最大の弔いなのですから。

第2章　日本という国家

日本という国家幻想

私たちが生活しているこの国を、国が在ると思っている人は多いようですが、実際には国としての機能は果たしていません。錯覚しているだけです。国というのは、国民あってこそなのに、被曝し続けている国民を一切助けようとせず護ろうともしない国は、国家とは呼べません。日本という国は、現実には存在していないんです。少なくとも世界の叡智ある人たちはそのように考えている。日本人の大半だけが、日本という国があると思い込んでいます。今後、日本人も大幅に減っていくことは避けられないでしょう。あんなに美しかった日本人の故郷の日本が、やがて放射能まみれになって、終わっていく……。これ以上の絶望があるでしょうか……。

だったら、海外に逃げると考える人もいるでしょう。でも、言葉も食事も環境も考え方も異なる土地で、逞しく生きていける人はほとんどいません。そんなに甘くはない。

では、どんなに絶望的な状況になろうともこの国で生きていくという方法があるのか？

パラダイムシフト

そのためには、まず、今までの常識をすべて捨て去る。発想を大転換させることです。私はこれを「パラダイムシフト」と名づけています。

普段、人間は頭で考え、行動し、話しながら生きていて、自分ではどれも正しいと漠然と思っているものです。これは常識に凝り固まって生きているとも言えます。

タバコを例に挙げましょう。多分、ほとんどの日本人がタバコは害であると思っているのではないでしょうか。今の日本では、タバコを吸う人が肩身の狭い思いをしなければなりません。副流煙もがんの原因になるとは、さる有名な学者の方が言われました。その説を世界の禁煙運動のトップが採用したわけですが、実はほとんど根拠がないんです。タバコを吸って肺がんになったというデータも、ほとんどありません。あるのは根拠の薄いデータですが、データというのせいぜいその程度のものです。データを出して真実を主張する人は要注意であると覚えておいて下さい。一つの論拠があるとすると、その正反対の論拠も同じくらいに存在するからです。データ信仰は捨てて、あくまでも自分の頭で考えることが大切です。

ただ、一つ注意すべきことは、吸うタバコの銘柄です。最近のタバコのほとんどは化学薬品で加工処理しているので、それは私もオススメできません。ちなみに、私は「NATURAL AMERICAN SPIRIT」や「che black」などのオーガニックや無添加のタバコを愛飲しています。

病氣の原因の9割はストレスです。ストレスが多くなると身体の免疫力が下がります。ストレスを下げるのに最も手軽なドラッグがタバコなので、タバコは本当は病氣を防いでくれるんです。ドラッグとは口に入れると氣分が変わるもので、タバコ、酒、お茶やチョコレートなどもそれに属し、最も劇的に変わる物が麻薬、向精神薬です。タバコを吸う人には智慧のある人が多く、タバコは害だと思っている人に頭の固い人が多い氣がします。

ところで、なぜ、タバコがここまで悪者にされているのか？不思議じゃありませんか？その理由は、麻薬を大量に売りたい勢力がいるからです。

昔、アメリカのブッシュがパナマ運河を支配していたノリエガ将軍を捕まえてフロリダへ連れて行き、すべての情報を聞き出してパナマの麻薬の権益を略奪したことがありました。その後、麻薬シンジケートの女ボスのヒラリー・クリントンが、ＣＩＡの手配した飛行機でノリエガをパナマへ連れ帰る途中に、麻薬を大量に売る方法をノリエガに質問したところ、彼は「タバコを禁止すれば麻薬が売れる。パナマもパラグアイもウルグアイもそうだった」と答えたんです。それにヒントを得て、大々的な禁煙運動が起こされたわけです。結果的にノリエガの予言通りに麻薬の使用量が増えて、わずか６００万人しかいなかったアメリカの麻薬人口がいまや1億人になろうとしています。そういう目論見があって、タバコがここまで悪者にされてしまった。こういう裏の事実を知れば、タバコが害だと騒ぐ必要もないわけです。

嘘も百回聞かされると真実のように思わされるものですが、タバコはその好例ですね。

２００１年9月11日、アメリカで同時多発テロ事件がありました。その時、フロリダの幼稚園にいたブッシュ大統領がインタビューされて、「最初の一番目の飛行機がビルに突っ込む光景を見ました。これで戦争が始まります」と答えたものの、一番目の飛行機の映像はその時も今も出ていません。あの事件はブッシュ一族のやらせに間違いないと思います。不幸なことに、最も被害を受けたのが大和證券の日本人でした。実際に亡くなった方々は全体で３０００人ほどで、それは他の多くの日系以外の企業がその日に限って休みの通達が出されていたからです。あの事故の規模なら最低でも3万人は亡くなっていたはずなのに、３０００人程度で治まったのはなぜか？　最初からビルには人がほとんどいなかったからです。つまり、あらかじめ仕組まれていたとしか考えられない。

でも、いまだにあの事件をテロだと思っている日本人がかなりいます。

タバコにしても、９・11テロにしてもそうですが、何度も繰り返し聞かされることであたかもそれが真実だと思い込まされてしまいます。これが洗脳、マインドコントロールです。悲しいかな、この日本は最たる洗脳国家に成り果ててしまっていて、今でも大半の日本人が洗脳によって刷り込まれたバーチャルの仮想現実を、本当の現実だと思い込まされて生きています。本来は世界でも稀なる民度の高い日本人がここまで劣化してしまっています。自由が

講演会は常に大盛況！ 綾小路きみまろさんも顔負けのエンターテイナーぶりを発揮して聴衆を沸かせる。

愛飲している無添加・無香料のタバコ「che black」。

あるように思えて、実は見えない鎖につながれて放し飼いにされているのが、今の私たちです。

世界の本当の現実とは、時には仕組まれてとんでもないことが起きるということ。これをしっかりと認識しておくか否かで、その人の人生は大きく変わります。

そのためには、常識を一度、疑ってみる。一つの情報があれば、それを鵜呑みにせずに、他の幾つもの情報を探す。さまざまな角度から考察してみる。これを必ず自分自身で行う。人任せにはしない。自分の人生は自分でしか責任が取れません。この習慣をつけると見える世界がかなり変わっていきます。「日本の常識は世界の非常識」というのが、今の日本の現実です。

だからこそ、今、一人でも多くの人たちには「パラダイムシフト」が必要なんです。

マインドコントロールについては、最もわかりやすく本にして下さっている方が、池田整治さんだと思います。彼は元自衛隊陸将補で日本の軍人の鑑のような御方です。あのオウム真理教の事件で自衛隊員として唯一、上九一色村のサティアンにまで入って行かれたそうです。だからこそ、本物の情報とは何たるかを熟知されているわけで、それだけに、彼の著書『マインドコントロール』（ビジネス社）や『今、「国を守る」ということ』（ＰＨＰ研究所）などは必読書です。

本来の日本人は依存しない

最近、強く感じることは、現代の日本人は昔の日本人と比べて大きく変わり果ててしまったということです。本来の日本人は、依存しないで工夫しながらこの国を築いてきて、独自の日本文化を作り上げてきました。一部には生活保護を不正に受給しながら高級車を乗り回したりする輩もいるようですが、本来の日本人には依存心はありません。人様に依存せずに生きていくという思いが、本来の日本人の心意氣だと思います。

依存心を示す一つの例が靖国神社です。ここでは戦争で戦死した子どもを国家に弔ってもらっているわけです。一方で、私の友人の何人もは、「我が家は国に貢献するために戦争へ息子を出した。残念ながら戦死はしたけれど、その息子の霊は我が家で弔う。わざわざ国家が弔わなくてもいい」と言い、国家には依存せずに家で弔っています。彼らには全く依存心がありません。

私も自分自身を日本男子の一人だと思っていますから、国家には依存していません。

たとえば、私が発明したグルンバ・エンジン。13年ほど前に広島県のM社が私を雇って下さった時期がありまして、私はそこのバイオ研究所所長に就任しました。その時、会社が特許出願費用を払って特許を取得し、特許発案者は私の名前として残っています。特許というのは国に依存して、国に発明なりアイデアを守ってもらうということです。ところが、特許は取得すると公開されてしまうので、後から似たような商品が幾つも出てくるわけです。

私は最初からそういう依存心は捨てて、私の考えたアイデアや発明品は俺が守るんだという氣概を、このグルンバ・エンジンに込めて作りました。完成する直前の数日間、毎晩、徹夜が続いて、途中で夢遊病者のように田んぼの中に立っていたそうです。それほどまでに私の血と汗の滲んだ結晶ですから、他者が真似しようとしたところで絶対に不可能なんです。実際にグルンバ・エンジンを真似た商品が何度もでてきたんですが、途中で故障してしまうんです。物真似で作った人というのはゼロから作っていないから、故障してしまうと直せないんです。

そういうことで、国家には全く依存しない！という独立心で私は生きています。

日本病（官僚病）

3・11以降、本当に日本はおかしくなっています。この大きな原因の一つに日本病があります。日本病という言葉は人により使い方はさまざまです。自分だけが優越感を持ってしまい、実際には日本よりも豊かなアジアの隣国の存在を認めない。すべての分野においても官僚が支配して、なにも前向きな政策が打てない。市民が家を新築することにさえ、分厚い建築確認申請書を提出しなければならず時間もかかる。官僚が認めなければ何事も進まず、彼らが認めた物事には必ずと言っていいほど、裏からマージンが流れています。このような日本病が日本を駄目にしてきました。その日本病の象徴が原発です。正力松太郎氏や中曽根康弘元総理など原発推進派のボスの言いなりになり、あんなに美しかった日本列島に54基もの原発が作られてしまいました。その内の４基は爆発して、今も収束せずにむき出しのままで漏れ続けています。これも日本病の結果です。日本の高度経済成長時代の官僚は、今と違って国益のために一生懸命に働いた人たちがもっと多かったように思えます。霞ヶ関の官庁街の部屋の灯りが深夜まで点いていることも多く、彼らは日本の将来のために喧々諤々の討論をしていた。今はアメリカに骨抜きにされたロボットみたいな官僚ばかりが跋扈してしまっています。佐藤優氏、天木直人氏、孫先享氏、稲村公望氏、古賀茂明氏など、国家の将来を真剣に考えられて自分に嘘をつけない反骨精神の持ち主は、省内では出世できません。

ショック・ドクトリンへの対処法

上は国連、国家から、下は詐欺師に至るまで、彼らはショック・ドクトリンという手法を使います。実際には巨大なショックを与えるような事象がないのにもかかわらず、あたかも起こったようなこと、起こるようなことが言われると、それを聞かされた人たちは、恐怖・心配・不安で思考能力が麻痺させられて、「うわ！大変だ。どうしよう！」となって、その動揺した心理を解消するような物などを買わせられてしまう。「北朝鮮は危険だ！イラクは危険だ！」とショックを与えて、莫大な金額の武器弾薬兵器や軍事システムを売りまくる。この場合、裏には軍産複合体がいます。「放射能は危険だ！」と煽り、いい加減なサプリメントや浄水器などを売る詐欺師が跋扈しますが、かなりの商品があるだけに、よく吟味して注意して購入しないと後で痛い思いをすることになります。

私も放射能の危険性を5年近くもブログや講演会で訴え続けています。「飯山、お前こそ放射能の危機を煽っているじゃないか」と一部には非難する人もいます。ただ、私の場合、必ずその対処法も提唱してきました。実際に放射能の危険性は大変なのであって、その事実をできる限り正確に伝えるということが、最初にすべきとても大切なことです。そして、対策も併せて打ち出しますから、思考能力を奪うことにはならない。これは脅しでも何でもありません。

今の国家のやり方を見ていると、やれ地震だ、やれ火山の噴火だと言って国民を不安にさせています。日本は昔から地震大国であり火山大国でもあり、地震などを恐れているようでは日本人とは言えません。ところが、今の日本人の多くが放射能で思考能力が劣化していて、いとも簡単にショック・ドクトリンにやられてしまいます。

２０２０年東京五輪・パラリンピック大会は開催されない

２０１５年の夏、あるテレビ番組で、二人のコメンテーターが２０２０年東京オリンピックが開かれない可能性（開催権の自主返上）を言い出していて、この早さには私も驚きました。この意味は、よほど差し迫った事態が東京に起きているという認識が国際社会にあるからでしょう。フクイチのトリチウム危機が日々悪化しているのに、知らないのは大半の日本人です。喝を入れて目覚めさせるには、東京オリンピックは中止ということを、国民に注視させねばならない。

今、日本の政治の大きな流れは、村田光平氏（元外交官）も言われていた通りに、80年ぶり2度目の東京オリンピックの自主返上となりそうな成り行きです。こうした流れを敏感に察知して、谷内正太郎局長は北京を訪問し、北京滞在中は、李克強首相が付きっきりで谷内氏を厚遇していました。この意味することは、実質的な日本の首相は、谷内氏ということです。しかも、谷内氏の補佐役兼保証人を福田康夫元総理が務める。これが北京で決定された日本の首脳人事です。

第3章　日本人について

日本人は騙されやすいお人好し

本に書かれていることや人が言ったことを、何の疑いもなく信じてしまうのは、多くの日本人の欠点です。

「だって、ちゃんと〝○○○産〟と書いてあったじゃない……」

「最後まで面倒見るって、ハッキリ言ってくれたのに……」

こういう経験は大なり小なり、誰でもお持ちではないですか？　私にとってこういう人たちは、お人好しであって、馬鹿正直です。後になってトラブルの元になる。私は何が書いてあっても、それを書いた動機、裏の意味を徹底して詮索します。人が言ったことも、真に受けない。人生でこれを習慣にすると、逞しい生き方ができます。

聖書の中には、「目があっても見えない」「耳があっても聞こえない」「善良なる民は常に盲目である」というような表現があります。今の世の中はエゴが跋扈してしまっている、騙しあいと足の引っ張り合いと妬みの社会です。いい人は足元を見られて、いいように利用されてしまう。だから、それにやられないだけの自分自身を確立する必要があります。

嘘と偽り

明治時代後期からの日本人は、特にものすごく騙されやすくなってしまった。今でもそれは続いています。日本には、「ピカレスク」「悪漢小説」といったジャンルがない。たとえば、ボードレールの『悪の華』（新潮社）。この詩集はピカレスク・ロマンであり、毒抜き翻訳なので、あの内容がわからずに悪の勉強もできない。こうして、悪人に対処する知識・技術がゼロという、いとも簡単に騙され、詐欺に引っ掛かってしまう善人だらけの国家社会になってしまった。日本政府は戦後、71年間もアメリカに騙されっ放しです。

その原因は、嘘をつくことを極端に嫌う日本人の体質にあると私は考えています。

明治時代以来、私たちは、嘘を神経質なまでに排除してきたように思えます。「嘘つきは泥棒のはじまり」「嘘つきは地獄に落ちる」「嘘をつくと閻魔さまに舌を抜かれる」といった標語はいまだに健在ですし、私たちは学校や家庭や職場で、「正直な人間になりなさい」「誠実であれ」「実直な人間になりなさい」と叩き込まれてきました。ほんの些細な見逃してもいい嘘なのに、「どーして嘘をつくの！」とヒステリックに叫ぶお母さんの声はどこでも聞かれるし、それを見ているお父さんも、当然というような顔をしている。「誠実」「至誠」といった教育目標を掲げている高校は全国に多く、「真実一路」という言葉を座右銘にしている人も数えきれないでしょう。文学や小説においても、私生活を実直そうに訥々と語る私小説が圧倒的な比重を占めてきて、純粋なフィクション（嘘）はほとんど人氣がなかった。とにかく、私たち日本人は、正直が大好きで嘘が大嫌いです。こうなると、嘘に対する免疫もなくなってしまう。嘘を見抜く能力など育つはずもなく、騙されやすいのは当然なんです。

ただ、私は嘘を特に奨励しているわけではありません。いや、少しは奨励しているかも知れない。たとえば、ほんの些細な子供の嘘です。

「お母さん、僕、おなかが痛いから学校休む」

こんな嘘は、母親なら子どもをよく見ているからすぐに見破れます。

しかし、「どーして嘘をつくの！　駄目！　学校に行きなさい！」と怒鳴ってはいけない、ということなんです。ここは、いったんは騙された方がいい、ということなんです。

つまり、「あら、可哀相。休んだほうがいいわね」と出る。そして、楽しい会話の時間をもつ。子供は母親の温かな優しさにふれて、きっと学校へ行く勇氣が湧いてくるはずです。そしていつの日か、「嘘だとわかっていたけど、あなたと一緒にいたかったから学校を休ませたのよ」と告げてあげる。必ずや子どもは、母親という大人の人間がもつ偉大さと心の深さを知ることになります。こういうことは、夫婦間にも、恋人同志にも、友人関係にもあてはまる。インターネットのＢＢＳの中での人間関係についてもそうです。些細な嘘は目くじらを立てて排斥すべきものではないということです。

　ところで、何としても排除しなければならないものがある。それは偽りです。偽りというのは、自己の利益のために人様を陥れる悪質な騙しのこと。私は、この偽りを厳しく排斥し、激しく否定します。嘘と偽りの区別は、明治時代以来、曖昧になってしまい、両方とも排斥されるようになってしまった。

　これは、明治時代のリーダーたちが江戸時代の下級武士層出身者であったことと関係があります。武士は嘘を嫌う。嘘をつかない。これは、武士の重要な道徳倫理でした。武士としての心構えで、まず大切なことは、嘘を絶対につかないこと。ヘラヘラと笑わない、ということも武士としての大切な心構えの一つだった。命がけの戦場で武士が嘘をついたり、ヘラヘラと笑っていたのでは戦争には負けてしまう。戦争に負けることは、自分だけでなく一族郎等がすべて滅ぶことを意味するから、武士たちにとって自分たちの道徳倫理を守り、強固なものにすることは、まさに生命が賭けられていた。明治以来、こういう武士たちがリーダーとなって日本の国家社会が作られてきたわけで、道徳も倫理も文化も芸術も、その根底には武士の精神が流れています。

2012年、「スターピープル 44号（2013年春）」初取材のときの笑顔。

3年後、精神力、氣合、乳酸菌生活、ウォーキング、太陽凝視で黒豹のように変身！

潔よさを賞賛し、嘘を極端に嫌う社会的風潮。いまだに日本には、武士の倫理が生きているんです。

鬼太鼓座《おんでこざ》と旅したパリの思い出

もうかれこれ35年ほど前、日仏文化協定の記念行事がスペインのマドリッドで開催された時に、当時の文部省が鬼太鼓座（創作和太鼓集団）を派遣することになり、私は依頼を受けましてね、随行員として同行しました。

スペインへ行く途中、フランスのパリで数日間滞在した時、鬼太鼓座には太鼓を叩いてもらって路上パフォーマンスをしながら、私が日本を出発する時に持参していた絵柄の綺麗な風呂敷を１０００枚、凱旋門の近くで並べて販売したことがありました。その旅行費用は国家の負担でしたが、小遣いまでは支給されません。だったら、自分たちで稼ごうということで路上販売したわけです。

今でも日本人の海外旅行の大半は、旅行会社のツアーに引率されて、決められた日程の中で旅をします。夜は危険だからといって外出はしないで、同じツアー客同士でホテルの中で会話をする。これでは海外旅行でも何でもありません。相手の国に行ったからには、相手の国のもっと奥まで入り込んで、その国の庶民とも付き合って、できたらそこで金儲けもして、そこで得た金で生きていく。そういう生き方もあるんだということを鬼太鼓座の若者達に教えたくて、敢えて路上パフォーマンスと物品販売をしたわけです。人間が学校なりを卒業した後、社会で生きていく上で最も大切なことの一つは販売力です。いかに物を売るかという、営業力でもあります。

販売していたら案の定、地元のヤクザが文句をつけてきたので、私は、「この場所はフランスの天下の公道だ。世界に開かれたシャンゼリゼじゃないか。お前らみたいなチンピラが阻止するとは何事だ！　ところで、いくらの金が必要なんだ」と、飯山一郎流の手振り身振りを交えたフランス語でまくし立てて応戦したんです。身長は１６０センチメートルしかない小柄な私ですが、ファイティング・スピリットの塊の私の氣迫に押されたのか、金品を要求されることもなく、その場は無事に治めることができました。その成り行きを見ていた大勢の観光客のギャラリーからは拍手喝采されたりで、鬼太鼓座のメンバーにとっても、氣合が大事だという意味では勉強になったようでしたね。

昔、プロレスラーのアニマル浜口さんの「氣合だ！氣合だ！氣合だ！」が流行りましたが、氣合の元祖はこの私、飯山一郎です(笑)。

生きた語学

私が鬼太鼓座とフランスからスペインへ旅をした時、改めて語学とは何だろうかと考えさせられました。地元のヤクザとやりあった時でも、たいしてフランス語は喋れなかった。

昔、金田一京助さんという有名な言語学者がいました。彼はアイヌの村に入りましたが、当時はまだアイヌ語の教科書も学校もなかった時代です。結果的に、彼はアイヌの村に入って2週間後には結構話せるようになったそうです。これこそが本当の語学だと思うんです。

イギリスに行けば、犬も猫も英語を理解できる。オウムでさえもオウム返しで英語を話す。でも、これらは語学とは言えません。本当の語学とは、相手の国に行って、その町の中に溶け込んで、友人を作って、その国の言葉を話す。こちらから「hi！」と言ったら相手も「hi！」と返答した時、これで一語を覚えたことになります。ここから語学が始まるんです。

学校教育でのように語学を丸暗記することは、本当の語学ではありません。日本の学校で10年も勉強した英語が実践に役立たず、学校を卒業したら忘れてしまう人が大半です。相手の目を見たり、微笑んだり、目に優しさを込めたり、ボディランゲージなども含めた総合的な要素が語学には必要だと思います。

いまどきの若い者に、いまどきの大人は学ぶべき

私は今の日本の若者には期待しています。私の元からも過去に何人もの青年が育っていってくれました。私の若い頃は、よく大人から「いまどきの若者は困ったもんだ」と言われたものです。この文句はいつの時代、どこの国でも繰り返されてきました。

２０１５年の3月10日、ある中学生を私のブログで紹介しました。彼は「川崎中一殺害事件」の犯人宅を取材して、マスコミ批判をしながら動画を配信したんです。ブログにはその模様を収めた動画も貼り付けてありますが、官憲との闘い方を知っている中学生だと感心しましたね。彼がその後はどうなったのか、私にはわかりません。私も助けたくとも助けられないからね。彼の存在を知るにつけ、「いまどきの日本人は、この勇敢なる中学生から学ぶべきだ！」と申し上げたいです。いまどきの若者に彼のような若者がいることは、心強いし嬉しいです。

第4章　インテリジェンス

陰謀論に物申す！

昔から、いろいろな陰謀論の本が出版され、講演会なども盛況のようですが、どの陰謀論もすべてが間違っています。ユダヤ金融資本主義、イルミナティ、フリーメーソン、爬虫類人などさまざまですが、いまや70億人以上も人間がいて、そんなに簡単に陰謀で世界が動かせるものではありませんよ。

私だって陰謀は持っていますから、陰謀があるとすればユビキタス陰謀、つまりどこにでも存在していることになります。この陰謀は否定しません。誰もが陰謀を画策していて、「こうしたい」「ああしたい」という想念のぶつかり合いがこの世界なんですよ。一つの大きなパワーを持った陰謀の総元締めが存在して、それが世界を動かしているという類の陰謀論はすべてが間違いです。非常に複雑な現代社会の世界構造はそんなに簡単なものではありません。ユダヤ金融資本でもイルミナティでも、その中でも激しい対立があり殺し合いがあるわけです。

陰謀論を本や講演などで説明することは簡単で、それをテーマに金儲けしているのが関の山です。百害あって一利なし！　人騙しであり詐欺師です。

ただね、私の知人で陰謀論をテーマに講演会をしている人物がいますけど、彼は放射能の弊害を命懸けで伝えています。彼の勇氣は誰も真似できません。かなり高価なグッズなども販売はしているんですが、相手はあくまでも金持ちであって大衆からは取っていません。清水次郎長や石川五右衛門みたいなもので、金持ちから得た金を大衆に配っているとすれば、良くないけど悪くもない（笑）。もっともっと石川五右衛門みたいな人が増えた方が面白くないですか。誰もが正直で真面目で嘘もつけない人ばかりじゃ、つまらんでしょ。ね、皆の衆！

陰謀論ではなくて、生きている現実社会をしっかりと見つめながら、もっとダイナミックな分析手法で世の中を斬っているのが、私のブログです。なぜなら、たくさんの方々が私のブログを読んで下さいますし、いい加減なことを書いて読者の方々をミスリードすることはできないからです。

私がきれいごとや権威を信用しない理由

私は昔、ノーベル物理学賞を受賞した某博士を尊敬していました。ところが、佐藤栄作元総理がノーベル平和賞を受賞した時、ノーベル賞はインチキではないかと思ったんです。それから間もなく某博士と正力松太郎氏がいわゆる秘密会議をしている写真を見た。ノーベル賞を取得するには国内の科学者と学会の強力な推薦が必要なのにもかかわらず、彼の受賞に関しては日本からの推薦者がほとんどいませんでした。基本条件を満たしていないノーベル賞の受賞だったのかも知れない。ということは、海外から巧妙に与えられた可能性があるわけです。国内の学会が推薦しなかったのにもかかわらず外国が賞を与えたのには、彼らが認めたそれなりの理由があったはずです。

ノーベル賞を与えることにより、日本人が大喜びして、ノーベル賞というスタンダード（基準）に対して日本人が尊敬するようになる。賞をあげる財団に対して権威を感じるようにできる。あげる側は上、もらう側は下という上下関係に組み入れられてしまう。では、外国がノーベル賞を与えたいとまで思わせた某博士の功績とは何だったのか？ その答えは、核エネルギーですよ。その技術を外国に漏らしたんだと。当時、その詳細を書いた有名な本があって私もそれを読みましたが、その本の説明によると、某博士の情報のお陰でアメリカの日本への原爆投下の時期が早まったんだと。日本も原爆の研究は行っていてほぼ成功していたので、日本よりも先に原爆投下ができた鍵は某博士の情報だったということです。この歴史の裏の流れというのは、あながち間違いでもないのではないだろうかと思いますね。それがキッカケとなって、それからはすべての権威もきれいごとも疑うようになったわけです。

自分を省みると、私も最近は少しばかり権威ができ始めています。そこは十分に注意しないと墓穴を掘りますので、私自身が私の権威も疑う作業は常に心がけるようにしています。

知識と智慧

私を智慧者と呼んで下さる方が、たまにいらっしゃいます。それはおこがましいことで、私なんぞ、智慧者ではありません。智慧者というのは仏教用語で、一人か二人しかいません。小智慧や悪智慧という意味なら、私は智慧者であり、悪智慧においては誰にも負けないと思いますけどね。ワハハハハハ！

知識は大脳皮質に蓄積され、智慧は脳幹に蓄積されます。知識は単なる情報の断片で、智慧は知識と心と身体が一体となったものです。最近の日本人は、知識は豊富にあっても智慧が不足しています。智慧が足りないことで最も損をしている犠牲者は、日本の女性です。男女同権や男女共学は、いまや当たり前となっています。女性が幼少から学校で学び、人によっては大学院までを過ごして、そこでは知識を身に付けますが、智慧を身に付けることなく終わるのが現代の日本の学校制度です。今は洗濯機があるから誰でも洗濯はできます。洗濯機のない時代は、どのようにして少ない水で汚れを落として速く乾かすかということを考えたもので、これが智慧です。自宅に旦那のお客が五人来たら、奥さんはどこに食事に行こうかと考えても、食事を出すことを考えられない。これも智慧を学ぶ機会がなくなってしまった現れの一つと言えます。これらは氷山の一角ですが、学校制度の弊害による智慧の消失は計り知れませんね。肝心の放射能に対しても知識がない人は、それだけで無関心になってしまう。

たとえば、私は汗でビッショリと濡れたシャツなどを洗濯機で洗いません。水洗いではなく、空氣洗いをするからです。汗でビッショリ濡れたシャツに乳酸菌液を噴霧して、ハンガーに掛け、5〜6時間ほど吊るしておく。やがて、汗の成分が乳酸菌の発酵作用と空氣の酸化作用で酸化分解して消滅してしまいます。これが空氣洗いです。晴れた日は、さらに太陽光線に当てれば完璧です。乳酸菌のお陰で、70歳の老人であっても、加齢臭とは全く無縁です(笑)。

私の親しい病院長は、乳酸菌をつかってMRSA(抗生物質が効かない病原菌)を消毒する方法を確立しました。この情報は、全国の病院にとって朗報になるはずです。また、彼は高齢の患者の大穴のあいた重篤な褥瘡《とこずれ》を見事に治してしまいます。その方法は、乳酸菌液を含ませた脱脂綿にインシュリンを数滴落とし、患部に入れる。すると、徐々に組織が復活してきて、いつの間にか完全治癒してしまいます。

どれもが智慧であって、立派な「パラダイムシフト」です。

昭和32、33年頃には「朝日新聞」に掲載中だったサザエさんの漫画で、波平さんがセシウム137を、サザエさんがストロンチウムを話題にしていました。当時の日本人は普通に放射能の危険を認識していたことがわかります。放射能に対して正しい知識と対処する智慧を、半世紀以上も前の日本人は持っていたということです。当時の日本人はまだマトモだった。その肝心の知識と智慧のなくなってしまった大量の日本人が住む限り、この国に明るい未来はないでしょう。

「文殊菩薩」に込めた願い

私の管理するサイトの一つ、「文殊菩薩」（巻末INFOMATION参照）。ここ数年でかなりのアクセス数になっています。そもそも、文殊菩薩とは智慧を司る菩薩とされ、南インドのバラモン家に生まれた実在の人物と言われています。多くの経典でその存在が語られ、釈迦如来の弟子たちを論破し続けていた維摩居士と論戦を交わしたエピソードは特に有名です。『維摩経』では、文殊菩薩が南方の人々を教化しに行った話が伝えられています。また、釈迦如来の二大弟子の一人で「智慧第一」と称されるシャーリプトラ（舎利弗）までが、文殊菩薩の智慧を褒め称えたとされています。「三人寄れば文殊の智慧」との諺にも使われるように、智慧を司る存在として信仰されてきました。

私がサイト名を「文殊菩薩」としたのは、現代の多くの日本人に欠けている本物の情報を提供することで、少しでもマインドコントロールによる洗脳の渦から抜け出て欲しいからです。

そして、少しでも智慧者に近づいてもらいたいからです。3・11以降、日本の大手マスコミの情報を疑う人たちが格段に増えています。彼らは本当の情報に飢えています。私の講演会がどこも盛況で、私のような俄《にわか》タレントみたいな爺さんがこれだけ人氣があるのも、物事の真相をビシッ！と書くところに理由があります。自己保身なのか、途中でぶれる人や口を噤《つぐ》んでしまう人を今までにもたくさん見て来ました。文殊菩薩までのレベルに到達できる人は、滅多にいるものではありません。しかし、文殊菩薩を目指すような氣持ちを持ちながら生きていくことは大切です。そのための情報発信サイトが、私の「文殊菩薩」です。「芸は身を助く」という諺がありますが、特にこれからの時代は「真の情報は身を助く」とも言えます。

本物の情報とは

日本人の大半は、マスコミが作った情報を脳に入れられて、あたかもそういう社会が存在しているかのように錯覚をさせられています。

●たとえば、北朝鮮は不法なミサイルや核実験で近隣諸国を脅しまくり、国内は貧困どころか餓死者が続出する酷い国である……。

●リビアは北朝鮮みたいな非民主的な独裁国家なので、国民が立ちあがってカダフィ独裁政権を倒した……。

●イラクのフセインは、大量殺戮兵器を装備した危険な国なので多国籍軍と民衆がフセインを攻め倒した……。

ところが、実態は全く違います。真実が完全に隠されてしまっています。本当は次が正しいです。

●たとえば、カダフィ時代のリビア。――新婚世帯に5万ドルの住宅購入補助金を支給し、失業者には公共住宅を提供し、車購入の際には補助金50パーセントを支給し、すべてのローンは無利子。さらに所得税もゼロ。水道や電氣、医療費は無償で、国内で必要な治療が受けられない場合は外国での治療費と渡航費までもが援助。特に教育政策に力を注ぎ、初等教育から高等教育、さらには、大学まですべてを無償化した。

サダム・フセイン時代のイラク

フセイン政権は独裁と批判されながらも、中東トップレベルの教育、医療、食料政策を施していて、それはレーガノミクス以降の米国を遥かに凌ぐ高度な水準。あの世界一豊かな国だと誰もが思っていた米国よりも、遥かに豊かで高度な福祉国家を築き上げていた。

私の著書、『横田めぐみさんと金正恩』があれだけ売れたことも、単なる不幸願望論ではない、北朝鮮の真実に迫った情報がちりばめられていたからです。「飯山さんの情報は、偏った情報

講演会後、著書『横田めぐみさんと金正恩』にサインをする。

しか入らない我々には貴重です。日本政府の北朝鮮情報はすべて米国と韓国経由で、本当に情けない限りです……」という電話をくれたのは、日本政府内の某諜報部局の官僚でした。

日本は戦後、ずっとアメリカの支配下にあり、社会構造のあらゆる部分がコントロールされてきました。アメリカの都合の良いように作られた世界観を刷り込まれている。つまり、マインドコントロールです。そうしてアメリカの思うように利用され続けています。これではいつまで経っても、本当の社会の動きはわからず、人々も目覚めません。このことは、3・11以降の放射能に対しての日本社会全体の動きが如実に物語っています。

情報を英訳すると、①Information ②Inteligenceの二つに大別されます。国家の諜報機関の英語名に用いられるのはInteligenceです。国家の生き残りを懸けた諜報戦では、確実な情報がないと負けてしまいます。このInteligenceこそが本物の情報です。私たち一般庶民でも、Inteligenceを持っていないと、人生をミスリードされて後で後悔することになります。

私の情報源

私の情報源について、人からよく質問されます。情報源やソースは秘匿すべきなので簡単には言えないし、個人情報の出所は絶対に言わないようにしています。公開されている情報でも滅多なことでは明かしたくありません。

ただ、最近は慧眼な読者が多くなっていて、私の情報源を当ててくるようになってきました。そこで、今回は情報源の一つを種明かししましょう。

私が常に熟読しているのは、世界戦略情報誌「みち」という旬刊紙です。これは小冊子で、広告も屑情報も匿名情報もなく、情報の質と分析力はピカイチです。大手商社の役員にも読者が多く、情報源としての信頼性は下手なマスコミ情報など足元にも及びません。『黒潮文明論』（郵研社）の稲村公望氏、『金融ワンワールド』『明治維新の極秘計画』（共に成甲書房）などの落合莞爾氏なども「みち」に連載を書いていらっしゃいます。

稲村公望氏といえば、かつて郵政事業庁の次長を務め、日本郵政公社発足と同時に常務理事にまで昇進した高級官僚です。ところが、現職官僚にもかかわらず、小泉内閣が推進した郵政民営化に断固反対を主張して、弾圧された。２０１２年になると日本郵便の副会長に就任され、この返り咲きには大きな喝采が湧きました。まさに日本官僚史に名を刻むであろう、反骨の高級官僚です。彼が連載している最近の文明論は、腰が抜けるほどに激しい内容で、郵政官僚だった者にしか知りえない内幕秘話が満載です。こういう情報に接していくと、見える世界がガラリと変わっていきます。大半の新聞やテレビなどの報道が、いかに虚像を作っているかということがわかります。購読料は年間２万４０００円（年22回発行）。これだけの濃い内容の情報量としては、十分過ぎるほどに安いと思いますね。

　国民を洗脳することが目的の大半のマスコミ情報は全く信用できなくとも、確実な情報源をもっていないと人生を誤ります。この意味で、信頼できる情報源は一つでも多く持つべきです。なぜなら、情報は命綱だからです。

　最近、ロシアからの情報源の一つ「Sputnik 日本」（旧「ロシアの声」、jp.sputniknews.com/）を視聴し、読む読者が日本でも激増しています。その理由は、日本のマスコミよりもはるかに客観的で公正で、真実を伝えていると思う日本人が日毎に増えているからです。

　２０１４年3月3日、大崎巌氏（領土問題研究者）による「北方領土問題は政治的神話」という論説が「ロシアの声」に載りました。要約すると、日本政府と日本人が、北方領土についての歴史認識を反省し、変えないかぎり北方領土は絶対に戻ってこないという論調です。読んでみるとまさに正論で、大崎巌氏の主張を論破できる識者が果たして日本にいるだろうかと感じました。

２０１５年の8月20日の「Sputnik」英語版（sputniknews.com/）の記事の見出しは、

Unspoken Death Toll of Fukushima: Nuclear Disaster Killing Japanese Slowly

（語られないフクシマの死亡者数。核災害が日本人を緩慢に殺している）

（sputniknews.com/analysis/20150820/1025992771.html#ixzz3jvZuDlV6）

この記事の日本語版がないのは、日本人に伝えたところで無駄だと思われているからでしょうね。ただ、フクイチの現状をロシアが世界に発信・拡散していることの意味は大きいです。

３・11の放射能問題は、メディア、学者、識者など、本物（本者）か偽物かを見分ける格好の踏み絵になったと思います。圧力がかかっても、それでも正しい情報を発信できるか否かが試されますし、真価が問われる。その意味で、「日刊ゲンダイ」「東京新聞」「週刊プレイボーイ」や「Darktourism Japan」（大洋図書）などからは権力をチェックするマスコミとしての真摯な姿勢が感じられますし、本物のジャーナリズムを体現しています。

「山椒は小粒でもぴりりと辛い」という諺がありますが、こういう素晴らしい媒体が少ないだけに、どうか応援してあげて下さい。ね、皆の衆！

第5章　読書のすすめ

読書の世界へ導いてくれた、おじさんの存在

小学1年生の時、近所にとても人間的魅力があるおじさんがいて、ある日、その人の歩く後を付いて行くと図書館に入って行ったんです。彼は図書館司書でした。それが私の最初の図書館との出会いで、絵本や写真集やいろいろな本があって、ワクワクしちゃってね。そのおじさんが私を見つけると、「まだ小学校に入ったばかりなのに、ここで本を読んでいるんだね。君は大したもんだよ。素晴らしいです」と褒めてくれました。私は特に知的好奇心があったわけでもなく、単におじさんの後を付けて図書館に入り込んだだけなのに、なんだか嬉しくってね。それがキッカケで図書館通いが始まったんです。

小学校4年の時、辞書の中の誤った表現を見つけて指摘したら、確かにそれが大きなミスだったことがわかり、おじさんが「よく見つけたね」と褒めてくれて、どんどんと本の世界の魅力に導かれて行きました。ある日、H・G・ウエルズの『宇宙戦争』（ハヤカワ書房）の小学生向け版を

読む機会があって、子ども心にもとてつもない恐ろしさを感じてしまいました。冬だったので外は夕闇で真っ暗なので、一人で帰るにも怖くて帰れない。あの宇宙人が襲って来たらどうしようと、真剣に震え上がっちゃって(笑)。そうしたら、そのおじさんが「一郎君、もう閉館なので一緒に帰ろう」と言ってくれた時は、本当に助かった思いでした。この経験で、本の文字の威力を実感したわけですよ。高校生までは栃木にいましたから、家の蔵書も手当たり次第に読みまくり、読書の素晴らしさにはまってしまったわけです。

アナスタシア

『アナスタシア』(ウラジーミル・メグレ著、ナチュラルスピリット他刊)は、シベリア杉の謎を追う実業家が川のほとりで出会うアナスタシアが語る人間と自然、宇宙、神についての真実についての物語ですが、その魅力を簡潔に言うと、今までアメリカが世界中に広めてきた物質文明とは全くの対極にある生き方、考え方が書かれているということですね。しかも、具体的に書かれている。これからの日本人は特に真剣に学ばなければいけないと思います。今後、ロシアに大勢の日本人が移住していくことは間違いないですから、その意味でも必読書です。この原書は世界中で翻訳され、全10巻で20ヶ国以上で発売されて、合計販売冊数が800万部近くになるほどに読者数も増えているということの意味は、今までのアメリ

世界的なベストセラー『アナスタシア』の原書『Анастасия』。モスクワ市内の代表的書店「MOSKVA（モスクワ）」にて。日本語版：『響きわたるシベリア杉シリーズ1―アナスタシア』『同2―響きわたるシベリア杉』『同3―愛の空間』（ナチュラルスピリット）、『アナスタシア ロシアの響きわたる杉シリーズ4巻改訂版―共同の創造』『同5巻―私たちは何者なのか』（直日）

カ文明では駄目だと思う人々が増えてきたということです。

彼女が提唱する、物質文明とは異なり、自然界に溶け込むような生き方。これを知りたいと思う人々は今後も増えてくるでしょうし、そのための格好の教科書でありバイブルでもあるということです。しかも、これだけ世界に広がる背後には、どうやらロシアの国家としての意志が働いているのではないか？あのプーチン自身、〝男版アナスタシア〟のような一面を持っていて、彼は時間さえあれば森の中で過ごす習慣がありますから。それを示す象徴的な有名なアイコラの画像もありますね。

『アナスタシア』の中には、蜂、種、子どもの教育、真のセックスなど、興味深くためになる話がたくさん出てきます。怒りの感情で種を播くと芽がでないという話でも、実際に同じ経験をしている農家の友人がいます。

自分の病氣を治してくれる野菜を作る方法については、①9分間、種を口の中舌の下へ入れておく　②30秒以上、掌で握る　③息を吹きかける　④天空に掲げる　⑤裸足で種を蒔いた土の上を歩く　⑥種をまいて3日後に水をあげる。このようにとても詳細に書かれています。これなどは現代科学で言えば、まさに天然ワクチンじゃないですか！　ここまで教えてくれるんですから、これは大変な本です。アナスタシアという名前は創作上の偽名でしょうけど、実際にそのモデルは存在する（した）と思います。ただ、たった一人ではなくて、シベリアのタイガの森の中に、子どもから老人までアナスタシ的な人々がたくさんいるという意味です。その象徴としてのアナスタシアなんだろうと思いますね。

私は、２０１３年にブログでプーチンについて書きまくったことがあり、併せてアナスタシアについても書くつもりでいました。その理由は、海外の人脈も使ってアナスタシアについて調査したところ、とても興味深いテーマだと感じたわけです。

ところが、一度書いた後で数人の読者の方から電話があり、それ以降は書くことは止めた方がいいと思い直したんです。『アナスタシア』に限らずどこでもよくあることは、有名になるほど商売に利用されやすいということです。適正価格ならともかく、必要以上に高い値段で商売するのは好ましくないでしょうし、その危険性があるからです。ただ、本の内容が素晴らしいことは変わりはありません。

第6章　世界と日本

世界を救えるリーダー

政治家は大きく分けて二種類いて、ポリティシャンとステイツマン（真の政治家）です。日本にはポリティシャンはいてもステイツマンがいません。ステイツマンとは、国家と国民と国益を徹底して守るという精神、思想、政治技術を兼ね備えた人間で、ロシアのプーチンと中国の習近平は間違いなくステイツマンと言えます。

西洋列強の軍産複合体の連中は、何とかしてロシアと中国の内部を分裂させた上で統治したいわけです。２０１４年のウクライナ（クリミア）危機はロシアを分割するための作戦ですし、チベットの内モンゴル独立問題も中国を分割するための作戦です。民主主義を錦の御旗に立てるのは、分割統治戦略の常套手段です。この手に乗らないプーチンと習近平のステイツマンとしての手腕は、評価されるべきです。

仁義なき戦い

８世紀。ユダヤ教はハザール人に乗っ取られてから、彼らの宗教となりました。当時、彼らが住むハザール国は今のウクライナにあり、隣りのロシア領内に侵入・侵出し、ロシア内でも大きな勢力となっていきます。その後、１９１７年のロシア革命が起きます。これは表向きは共産主義革命でありながらも、イギリスとアメリカに支援されたハザール・ユダヤによるユダヤ・クーデターという側面もあったわけです。

そのようにして、国際金融勢力はロシアの国家を奪取したわけです。レーニンも実はハザール・ユダヤから送り込まれた国家転覆のためのスパイだった。ロシア人は、ハザール・ユダヤ人を徹底的に嫌い、ドイツでもハザール・ユダヤ人は徹底的に嫌われました。ロシアにおけるユダヤ人問題とは、ロシア人とハザール人との血で血を洗う闘争です。第二次世界大戦後、スターリンはハザール・ユダヤ人を激しく差別して弾圧し、国外追放令を断行しました。このようにして、ロシアから追放され脱出したハザール・ユダヤ人たちが建国した国家が、イスラエルです。中東の国々を破壊し続けているＩＳＩＳ（イスラム国）は、ハザール・ユダヤが母体だと言われています。確かにＩＳＩＳはイスラム教ではなくてユダヤっぽい。イスラエルの母体は、ロシアから追放されたハザール・ユダヤ人。ＩＳＩＳもハザール・ユダヤ人。つまり、ロシアという国家はイスラエルにとって、実は宿敵中の宿敵です。

ウクライナの戦乱も、ロシアを怨み嫌うハザール・ユダヤ人によるロシア攻撃が裏の狙いです。ウクライナの怨みはシリアで晴らすというのが、プーチンの裏の動機に間違いないと思います。2015年9月、ロシアはISISに蹂躙されるシリアに500台の戦車を派遣し、ISISに対して空爆を始めたものの、最新鋭のジェット戦闘機を使った激しい空爆では慎重にハザール人部隊だけを狙っているんです。プーチンがシリアを決戦場にして、ロシアとハザール人の最終決戦（ハルマゲドン）が開始されたわけで、プーチンが本氣で戦争をしようとしている相手は、本当はイスラエルです。

ロシアが空爆を開始した日、アメリカのジョン・F・ケリー国務長官はCNNのインタビューに答えて、「アサド大統領の早期退陣を求めていない」と表明しましたが、これはプーチンのISIS空爆を支持したことを意味します。アメリカの政治と経済を牛耳るハザール・ユダヤ人は、アメリカにとっても積年の宿敵です。「ISIS＝ハザール・ユダヤ」との戦争を本氣で開始したロシアに対して、アメリカは実は隠れ応援団の可能性があるわけです。

今後の世界の動向

米軍は2014年4月、黒海へイージス艦のドナルド・クックを入れ、ロシアの領海近くを航行させたことがありました。ロシアはジャミングシステムを搭載したスホイ24を米艦の近くへ飛ばし、米艦のイージス・システムが機能しなくなり、その間、ロシアの戦闘機は仮想攻撃を実施。その直後にドナルド・クックはルーマニアへ緊急寄港し、それ以降はロシアの領海にアメリカ軍は近づかなくなったと。ロシアのジャミング攻撃に米軍のイージス艦は手も足も出なかったという情報は、「ロシアの声」が報道していましたが、これは信用してもいいと思います。つまり、世界最強だったはずのアメリカ軍が、2014年の4月以降はロシア軍に手も足も出せない軍事情勢になっているということです。

2015年の10月にも、日本海にいた米海軍の原子力空母「ロナルド・レーガン」に2機のロシア機が1海里（約1・9キロ）まで異常接近をしたというのに、米海軍は「安全な接近でした。直接的な脅威を示すものは何もありませんでした……」と、異常な反応をしていました。中国が南沙諸島の島々を埋め立てて、強固な軍事施設を作っていた時、アメリカは犬の遠吠えみたいな抗議をしただけです。その南沙諸島に軍艦を送って領海内を航海すると強がっていたものの、丸腰のイージス艦1隻だけが遠慮がちに顔見世航行しただけでした。中国軍の前でも、世界最強だったはずの米軍が手も足も出ないというか、出せない。

シリアではロシア軍がアメリカやイスラエルに遠慮も会釈もなく、好き放題の軍事行動を取り、中東の国々の政治家たちはモスクワ詣でです。

ロシアのアルタイ地方でツイッターのロシア版「Qewy」が発表されたと、「Sputnik日本」

２０１５年11月15日の記事が報じました。すでに9月からサービスが開始されているそうで、しかも最高で１０００文字が掲載できる。同10月19日号でも、ＯＳに相当するクラウドプラットフォームの作成のプロジェクトが始動したと報じられています。今後はマイクロソフトやアマゾンに代わるものとなり、ソフトウェアの世界でもアメリカの独占状態が大きく崩れていくでしょうね。

このように、アメリカはすでに世界最強ではなくなっています。軍事面だけではなく、政治・経済・外交の分野でもロシアと中国の後塵を拝することになっていて、通信の分野でもマイクロソフトから〝プーチンソフト〟へと覇者が交代しようとしています。今もアメリカにベタベタなのは、日本とオーストラリアとフィリピンくらいのものでしょう。

これからは完全に中国とロシアが世界の覇権国家となります。戦争は国家にとっては人的にも経済的にも大消耗です。日本は日露戦争の頃からユダヤ金融資本主義に借金をして戦争をしてきました。中国もロシアも戦争で国が壊されたくないわけです。いまや世界の工場となった経済大国の中国と、ジム・ロジャーズ（米国の大富豪投資家）が今後の有望投資先として最も期待するロシアに対して、これをなんとかして突き崩したい軍産複合体の連中がいます。これに対抗して、ロシアは『アナスタシア』を通じて、世界精神革命のムーブメントを発信しながら、拝金主義にアンチテーゼを投げかけているように思えます。中国も、習近平の下で徹底的に国内の汚職狩りをやって生まれ変わっています。一方、日本はアメリカのポチ公ですから、放射能にまみれながら国家は消滅します。国家だけでなく民族さえも消滅しかねませんが。

トータルで見るならば、ユーラシア大陸に大量に移住する生き残った日本人のＤＮＡ、勤勉性や道徳心や優しさなどの日本人特有の長所が、現地の住民と交わることで新しい進化を遂げて、新日本主義となる。

江戸時代の日本は鎖国していましたが、当時、世界でも類を見ない優れた国家体制を築いていました。外国とは交流せずとも自給自足、リサイクルが機能していましたし、世界に冠たる文化を醸成させてもいましたね。もちろん、窮屈な面や身分の差もあって、完全に素晴らしかったとは言えないでしょうが。でも、江戸時代には、今後の世界人類が生き残って行く上で、たくさんのヒントがあるはずです。なぜなら、地球という惑星そのものが、大宇宙の中では鎖星なんですから。地球がどこかの惑星と交流しているわけではないのならば、鎖国と似たようなものです。この地球の中で、70億以上もの人間がいながら、低い意識レベルのまま進化もせずに、エゴに翻弄されて、地球を汚し、隣人と戦争し、殺し合っている。もっと意識の高い生命体がいるとして、彼らはどんな風にこの地球人を眺めているのか。江戸時代は鎖国しながら２６５年も存続していたのに、西洋列強が来たお陰で明治維新で開国したわけであって、それがなければ江戸時代はまだまだ続いたはずです。長い鎖国の環境の中でもお互いが共生する術を知っていた日本人のＤＮＡを、私たちは誰でも持っています。新しい移住先でそれをもう一度、蘇えらせるんです。そして、それを世界中に啓蒙していく。これが新日本主義であり、人類の意識のベースとなり得るでしょうね。そして、中国とロシアが世界を引っ張りながら、平和的な国際社会が作られていくのではないでしょうか。

沖縄の未来

沖縄はもともとが琉球国という独立国家で、特に唐の時代は恩恵を受けていました。中国のお陰で琉球国が発展したわけです。その後、島津家が琉球を搾取しまくり、明治政府も琉球処分として強制的に近代日本国家に組み入れました。その後も日本とアメリカは絶えず琉球を犠牲にしてきて、これは琉球人もわかっています。彼らの本心は、「もう、日本もアメリカも嫌だ！　いい加減にしてくれ！　やまとんちゅなんか大嫌いだ！」という思いに違いありません。沖縄は今後、日本とは全く別の国家として生まれ変わっていくでしょう。

ここでは、亜種としての日本文化が栄えて行きます。それを中国は併合することなく、独立国として待遇しながら、共に繁栄していくと思います。問題はネオコンの手下であるヒラリー・クリントンが大統領になってしまうと、沖縄が冷戦の種として利用されてしまうので、いつ、沖縄が独立するかという時期はまだ流動的で、楽観はできませんね。

翁長雄志知事が安倍総理との会談の中で、絶対に新基地を造らせないと明確に述べたことは、彼が命懸けの政治家であることの証です。最後までその信念を貫き通されれば、翁長知事は本者のステイツマンです。

ステイツマン不在の日本

私はロシアや中国が羨ましくて仕方がありません。なぜなら、国家の指導者が本者だからです。一方、我が国・日本はどうなのか？ 誰一人として期待できる政治家がいません。

3・11以降、日本人が滅びる危険性が目の前で展開しているにもかかわらず、日本の政治家は誰一人とてこの窮状に命を懸けて、日本人を救おうとはしませんでした。国を救ってこそ政治家なのであって、その意味で、真の政治家は一人もいないと言えます。

日本の政治家には期待しても無駄だという考え方で、これからは生きていくことですね。

鳩山由紀夫元総理は私のブログを読んで下さっています。でも、周囲には「飯山さんのブログは過激だからね」という意見もあるようで、ご本人も心が揺れているようですね。

生き残るであろう数百万～数千万人の日本人を助けてくれるのは、ロシアのプーチンです。それをバックアップするのが中国です。その際、ロシアとの窓口として、また、代弁者として、鳩山由紀夫元総理は最適です。

小沢一郎さんは、その政治思想は尊敬していますが、議会制民主主義という、巧妙なる人民支配の道具である殻の中から抜け出られない。結果として、非常に矮小な政治家となったまま、何の力も発揮できないままです。議会制民主主義では数こそがパワーですが、その数さえも失ってしまったわけですから、事実上、かつては豪腕との異名を取った小沢一郎さんはいません。いてもゾンビ（生きた屍）の小沢さんがいるだけです。往年の小沢さんに期待するのは、もう無駄だということです。私は理想や好き嫌いでは物事を語りません。常に冷静になって現実を直視します。だから、ゾンビと言い切るわけです。

日本列島の賞味期限

チェルノブイリの原発事故では早急に石棺で覆ったにもかかわらず、現在までに１０００万人以上の人口を失ってしまったわけです。一方、フクイチではなんら効果的な対処がなされないままです！　このままなら、２０１５年から3年は持たないでしょう。

理由は、２０１５年の半年間近くもフクイチの地下から飛び散ったとんでもない量の水蒸氣を、日本人の大半が吸い込んでしまったからです。これは1時間に５０００トンとも1万トンとも2万トンとも、学者により計算は異なります。仮に1時間に1万トンとしても、とんでもない熱源が地下にあるに違いないはずです。温泉が噴出したわけでもなければマグマが上がってきたわけでもない。明らかに政府と東電が認めているように、１００トン近い核燃料が地下に落ちて地下水脈の場所まで数千度の温度のまま沈んで行きながら、一方では地下水脈には目の前の太平洋の海水が流れ込んでいます。その地下の海水が１００トンの核燃料（デブリ＝コンクリートの破片などが混ざっている）に触れながら蒸氣となっています。デブリに直接触れた地下の海水が地上に吹き上がっていたわけです。これは原子炉内の様子に例えるならば、完全密封した中で冷却される第一次冷却水と同じことです。これが完全密封どころか、開放された大氣中に吹き上がっている。その結果、大量の蒸氣が日本全土を襲ってしまって、半年間近くも日本列島のほぼ全域が放射性水蒸氣に包まれました。

　東北は晴れの日が多いのですが異常なほどの晴れ方です。これは蒸氣が吹き上がらない時に、吹き上がったドライのホットパーティクル（アルファ崩壊に伴いアルファ粒子を放出し、一粒あたり０・０７ピコキュリー〈０・２５９ベクレル〉以上の放射能を持つ不溶性の微粒子〈particle〉。主としてプルトニウムの微粒子を指す）の超微粒子（金属）の粒が上空で強烈な酸化反応を起して、空中のありとあらゆるゴミやホコリを酸化させるために重くなってそれらは地上に落ちます。そうなると上空には太陽を遮る物は何もなくなりますから、見事に晴れる。これを私は「核の夏」と名付けました。核燃料に直接触れて大氣中に放出された蒸氣は沸騰した蒸氣の粒の金属で、この日本列島に住む人たちは例外なく誰もが大なり小なりそれを吸い込んでしまった。

しかも原子炉の3号機はＭＯＸ燃料、つまりプルトニウムです。この沸点は３２３０度ですが、これさえも沸騰して蒸氣となり、これを吸ってしまった人たちもいるわけです。このプルトニウムは体内で中性子線を発射します。中性子線を浴びた体細胞は、体細胞自体が中性子線に変化します。つまり、人間がまるごと放射性物質になるということです。この件については、私の知人である三人の核物理学者とスカイプで何度も議論を重ねて信憑性も確認できています。その道の専門家が三人とも認めました。こういう現状ですから、私は3年も持たないだろうと言うわけです。

２０１５年の春は冬が舞い戻ったような寒さでした。天文学者のカール・セーガンが提唱した「核の冬」という理論があります。核兵器の爆発によって生成された微粒子が空中に浮遊して日光を遮断し、人為的な氷河期が発生するというものです。確かにフクイチの水蒸氣爆発によって沸騰して蒸氣化した核燃料の超微粒子が激しく噴き上げられていますし、世界中の核実験による爆発は２０００回を越え、これらの放射能が地球の主に北半球を覆っています。そうして生成された超微粒子の核種が、ヴァン・アレン帯(陽子、電子からなる放射線帯)のような人工放射線帯を次々と形成し、日光を遮断して太陽熱を吸収し、あるいは減衰させている。この人工放射線帯が地上に降りたので、南相馬市と葛尾村のモニタリングポストは通常よりかなり高い数値を表示したわけです。人工放射線帯にはプルトニウムなど中性子線を出す核種が存在し、これが空中で臨界を発生させている空中臨界現象です。「核の冬」「核の夏」、人工放射線帯、空中臨界現象。これが現在の日本列島の氣象であり、大氣の状況です。日本列島を水蒸氣が覆い、どんよりした曇りが続いた半年間は、正直、私も氣が氣でなりませんでしたね。ところが、２０１５年の９月12日、その大量の放射性水蒸氣が猛烈に噴出する現象が止まりました。これはまさに天佑（天のお助け）です。

その理由は、あくまで仮説ですが、前日の激烈な臨海現象でデブリが地下に沈んでチャイナ・シンドローム状態になったのか、核燃料が劣化して中性子線を出さなくなったのか、デブリの塊がバラバラに分解されたのか？何れにしても、臨海デブリに劇的変化が起こったことは確かでした。その後、10月に入っても見事な秋晴れが続いて、久し振りに心配もせずに深呼吸ができました。

異常な日焼けが意味すること

菅直人元総理が２０１５年の７月に福島沖の海上からフクイチを視察した記事が、「週プレＮＥＷＳ」（２０１５年10月25日）に掲載されていました。読んではみたものの呑気な視察内容で、３号機辺りから噴出する湯氣・水蒸氣は見なかったようでガッカリです。ところが、菅直人一行の全員が異常な日焼けをしたという報告が書かれていて、これはとても恐ろしいことです。なぜなら、フクイチ近辺には強烈な放射線（β線）が飛びまくっている証左になるからです。

9月12日で治まったかに見えたフクイチの状況も、その後はふたたび変化していて、東電のライブカメラの画像が歪んだり、熱氣による陽炎の揺れが見えることも多くなっています。

この意味は、フクイチの地下から高熱の熱氣が噴出する現象が始まっているからで、２０１５年の放射性水蒸氣の現象とは異なります。相当な高熱の氣団だけが吹き上がっていて、湯氣や水蒸氣が見えないので、これがずっと流れて行くと高湿度になります。この熱氣団噴出現象は放射性水蒸氣現象よりも悪くなる可能性があります。従って、フクイチの状況は今も瀬戸際にあり、決して侮ってはならないということです。

「そんな馬鹿な！」と思われる方に、それでも無理やり私の考えを押し付けるつもりは全くありません。

3・11以降、しばらくの間は、放射能の危険性を真剣に訴え、多くの人たちにも注意を喚起したものの、一部には全く信用してくれず、聞く耳さえ持ってもらえず、嘲笑したりするような人たちもいて、私も途中からは疲れました。いくら伝えても、わからない人たちには無駄だと言うことがよくわかったんです。私は私なりに最悪事態を想定しながら、引き続きネットを通じて情報を発信して、私を応援して下さる読者の方々の助けとなれるように、これからも全力を尽くして生き抜いていきます。

日本が国際管理下に置かれる日

私は国内政治を論じたり、政治家批判をすることはできる限りしないことにしています。今の日本の政治は完璧に無力で、国会議員が総入れ替えになってもフクイチの地下での連日の水蒸氣爆発は絶対に収束できないからです。

最大の問題は、国家社会がどうなろうとも、一人ひとりが今後はどのように生きていったら良いのかということです。そのためには、日本列島が今後どうなるのかということを、推測しておかねばなりません。

さて、これから、私の大胆な予測を申し上げます。

――現在のフクイチの状況は、今後も益々深刻化していきます。その結果、日本人の大量死が予想を超える早さで顕現してくる。この５年近くの間に何の対策もせずに脳天氣な生活をしてきて、免疫力が落ちている人たちが大量に死んでいきます。この大量死は、東京オリンピックのはるか前にきます。死者は、早ければ２０１６年から一氣に増えてくるでしょう。このことは首都圏の諸所で不穏な騒ぎが起こったり、異常な雰囲氣になるのでわかります。

死者が１ヶ月に数万人を超えた段階で、国家の統治機能が極端に劣化します。統治・統率が効かなくなる。当然、社会機能（交通機関や流通や医療やライフライン）も麻痺し始めます。そうなってしまった段階で、国際社会が動き始めます。日本を国際管理下に置く計画が決定され、発表されます。フクイチから漏れ続けている凶悪な放射性水蒸氣が、２０１５年の春の巻風で、韓国・北朝鮮や中国、ロシアにも到達してしまったので、この4国の中でも特に中国とロシアの発言権が大きくなり、日本・国際統治の主導国は、この両国になると思われます。脳天氣な日本人が多い現在の日本は、死を自覚できないゾンビのようなものです。この日本に臨終を告げて引導を渡す導師役は、プーチンと習近平とオバマが引き受けるでしょう。そうして、日本・国際統治のスタートは、人道的な見地からということで、集団移民から始まります。第一次の移民先は、バイカル湖周辺と中国の砂漠都市・オルドスと思われます。

その時、天皇陛下が、「堪え難きを堪え、忍び難きを忍びて、大陸への移住を……」と玉音放送で話されると、移住・移民の希望者が各地の空港に殺到し、派遣されてきた旅客機に乗り込んで行く。私たちは、日本人の先祖であるツングース族が、はるか古代に生息していた故郷の地のシベリアに帰って行きます——。

以上は、危機管理の法則上、最悪の事態を想定したシミュレーションです。

第7章　未来へ

日本人のルーツを探る

さて、ここで読者の方々に質問です。

あなたは日本人と日本国のルーツをちゃんと説明できますか？　私は同じ質問を過去に知人や友人にしても、意外なことにちゃんとした説明をしてくれた人は一人もいませんでした。

自分たちのルーツがわからない。これは世界でも珍しい現象です。その理由は、日本には本当の歴史書がないからです。『日本書紀』『古事記』ですが、これらは日本に渡来した百済人によって書かれたものです。両書とも、台本は『百済本紀』等々、百済国の歴史書です。では、どうしたら日本のルーツがわかるのか？

「せんとくん」、覚えていますか？　２０１０年に奈良市で開かれた「平城遷都１３００年祭」のマスコット・キャラクターの愛称です。仏様に似た童子に神の使いとされる奈良公園の鹿の角をつけた姿が、当時は賛否両論の論議を呼びました。地元の僧侶の有志の方たちが、仏様の頭に角を生やして侮辱していると、再考を求めたとも伝えられました。

私、実はね、「せんとくん」を見た瞬間に腰が抜けるほど驚いちゃったんですよ！ なぜなら、「せんとくん」には日本国の建国の秘密とルーツが見事に凝縮されていたからです。

中国は文字の国で歴史の国でもあり、膨大な量の歴史書が残っています。韓国にも古い歴史書がたくさんあります。もちろん『日本書紀』も重要な資料です。この日中韓の歴史書を読み抜きながら徹底的に読み比べる。そうすると、ルーツが辿れ、謎が解け、そこに真実が見えてくる。この作業は、歴史資料と歴史データがあまりにも膨大な量なので、従来の学者には不可能でした。

この大変な作業をね、私は完璧にやりました。子供の頃から歴史が大好きだったので、楽しみながら調べまくりました。普段は晩酌で焼酎「華奴《はなやっこ》」を必ず飲むんだけど、それを飲むのも寝食も忘れて没頭しました（笑）。そのためのツールは、パソコンとインターネットと高速検索ソフトです。まず、中国や韓国のデータベースから歴史書をダウンロードします。膨大な量であってもテキストファイルであって、昨今のハードディスクドライブは容量が大きくネット速度も速いので、これらの作業は3ヶ月程度で完了しました。ハードディスクドライブに蓄積された膨大な量の歴史書、歴史資料、歴史地図、歴史学論文などを読んでいくとしたら百年以上はかかってしまうので、インターネットの検索ソフトで、「百済」「樂浪郡、帯方郡」

「鹿」「仏教」などと検索し、必要な部分だけを次から次へと読んでいった。そうしたら、日本のルーツが見えてきて謎が解けました。

いったい、我々の先祖はどこから来たのか？

7世紀、日本国は百済人が作ったというのは常識です。では、百済のルーツは？

それは幾つもの中国史書に明確に書いてあります。たとえば、『旧唐書《くとうじょ》』百済伝には「百濟國、本亦扶餘之別種」と書かれています。これは、百済のルーツは扶余であるという意味です。遠い昔、中国東北部の広大な平原で、モンゴル族系の扶余族はツングース族と混血して扶余国を建国しました。扶余国の王子一派は、さらに南下して渤海沿岸で馬韓国を吸収して百済国を作ります。やがて、百済国の末裔（大海人皇子）が現在の日本国を作ります。つまり、ツングース族と扶余族が、私たち日本人の先祖なんです。ツングース族とは、トルコ語で「豚を飼う民族」という意味です。彼らは養豚しながら大草原を遊牧していた民族です。そのツングース族の養豚技術と伝統を、扶余も百済も日本も受け継いできました。日本や韓国が養豚大国なのは、実はツングース族の伝統が流れている証です。

ツングース族の豚の飼い方は、「トットンシ」という方法です。豚と人間が同居し、寒い夜には一緒に眠る。人間の排泄物は、豚がきれいに食べる。豚ふん尿は肥料にして農地に散布する。豚の毛皮を防寒コートにして、豚の脂肪は身体中に塗ってこれも防寒用として活用し

同様の問題意識を持つ新井信介さん（文明アナリスト。写真右）との対談。「信ちゃんも本氣で日本の将来を憂えています。彼の講演会はとても熱いね！」

ました。この実演展示場が、韓国の済州島の国立博物館にあり、実際に古代の豚が飼われています。ツングース族が猪の豚化（家畜化）に成功したのは約８０００年前とされ、以来、東アジアの民族は豚と共に生活してきたわけです。

このように、扶余→百済→日本という流れがあります。日本のルーツとは、扶余です。扶余とはツングース語の鹿（ブヨ）の漢字表記なので、扶余とは鹿（ブヨ）です。その昔、扶余族が黒竜江流域にいた頃、鹿は聖獣であり始祖でありました。現代日本においても、鹿は神の使いとされた聖獣です。

だから「せんとくん」には鹿の角が似合うんです。

福岡市の志賀海神社（東区志賀島）の境内には、御神宝として鹿の角が１万本以上も祀られています。その昔、福岡は白村江で完敗した百済国が唐の殲滅攻撃から逃れて来た上陸地です。百済国は扶余族の末裔で、扶余族の神獣は鹿。だから、鹿を崇め祀るわけです。福岡県の沖合60キロメートルの洋上、玄海灘には沖ノ島という孤島があり、ここには前代未聞の膨大な秘宝・至宝が隠されています。この由来を歴史学的・考古学的に明確に説明できる識者は少ない。さらに、福岡を中心にして水城と呼ばれる巨大な大堤(国防施設)を、誰が何の目的で築造したのか？　これについても、整合性ある解釈を施した学者が少ない。

これらを次のように考えれば、すべてがスッキリと説明できます。

まず、満州には百済国という巨大な国家があった。この百済国が白村江の戦いで唐と新羅の連合軍に完敗したため、国をあげて国ごと九州に逃避してきた。当時の朝鮮半島は新羅国の領土だったので、百済の一族は、海路、安曇族や宗像族といった海人族(倭族)の船団で九州まで避難してきた。百済国が国をあげて国ごと九州に避難してきたからこそ、国家的な事業である熊本の鞠智城を含む水城や、沖ノ島への秘宝隠匿といった大事業も成し得たわけです。

さらに、『古事記』『日本書紀』『懐風藻』『風土記』、そして『万葉集』。これらの筆記文化が、闇からと言ってよいほど突然出現したことも、日本列島にやってきた百済国の国家的事業だったと言えるわけです。

また、難波宮・藤原京・平城京などの巨大都市が忽然と畿内に出現しました。7世紀～8世紀の日本列島に起こったこれらの巨大な変化は、百済国という巨大な国家文明が丸ごと日本列島に移転されたと考えなくては、何事も整合性をもった説明ができません。

ところで、『日本書紀』の天武天皇の条項を注意深く読むと、壬申の乱後、外国使節を「筑紫で饗応した」などの記載が異常に多くなります。これは当然で、天武天皇は満州から済州島経由で福岡に到着してから、ずっと筑紫にいたからです。そうして、沖ノ島に秘法を隠し、水城をつくり、百済を殲滅しようとする大唐国の襲来に備えた。これは、私の妄想でも空想でもなくて、『日本書紀』や中国の『正史』に書いてあることです。

ただ、『日本書紀』の文面（テキスト）だけを漫然と読んでいたのでは何もわからない。特に『日本書紀』は、ある目的を持って百済人によって書かれたので、文章（テキスト）だけではなく、歴史的な文脈(コンテキスト）をキチンと把握しないと独善読みになってしまいます。

日本の近未来予想図

現在の日本は、放射能汚染でとんでもなく酷い状況です。だから、やがてこの国は必ず滅んで行きます。２０１５年の４月頃から、これ以上の最悪状態はないというような状況に突き進んで来て、９月で一旦は治まったかのように思えたものの、状況はふたたび悪化して、決して安閑とはしていられません。

思い起こせば２０１５年春、フクイチの敷地内を映すライブカメラには、激しく爆発するような水蒸氣や湯氣の噴出現象が映るようになりました。その水蒸氣が、青空天井の開放された空間に激しく放出されていたことになります。その膨大な量の放射性水蒸氣が風下の街々を襲う。１００万都市・仙台も、首都圏も、何回も何回も襲われました。関西圏も何度も襲われて、九州の宮崎市に放射性水蒸氣が流れてきたこともありました。さらに厄介なことに、フクイチ発の放射性水蒸氣は、朝鮮半島を超えて中国の天津市や青島市にも流れて行ってしまった。ロシアの極東地域も、何回も襲われた。さらにハワイにも到達している。何百キロも離れた風下一帯を何時間も、何十時間も、湿度１００パーセントにする水蒸氣と湯氣。核物質が再臨界し、核分裂を起こしている。ということは、核分裂を惹起する中性子線が出ていることになります。

　さらに深刻な問題は、中性子線を出す核種（プルトニウム２４０、プルトニウム２３９、ウラン２３８、ウラン２３５など）が、沸騰して蒸氣化し、超微粒子（蒸氣の粒）となって大氣中に大量に放出されたわけです。過去5年近くの内部被曝と複合して、今後早い時期に大量の病人と死人が発生するということです。これは日本国の滅亡どころか、日本人の消滅を意味します。

　フクイチ2号機の格納容器の温度上昇と放射線量の上昇の関連性や、同3号機で謎の蒸氣が噴出していることなどが、「週刊プレイボーイ」（２０１５年5月4日号）の記事になりました。先ほどの菅直人元総理の視察記事もそうですが、集英社さんは、大変に勇氣ある日本では数少ないメディアで、私は敬意を表します。

世界はすでに、日本政府が犯してきた重大な犯罪の数々を糾弾するシナリオを描いています。いくら日本国民を騙せても、世界の指導者層はお見通しです。なぜなら、フクイチの破壊された原発4基と、日本列島に散在する老朽化した50基の原発を国際管理下に置いた上で収束させない限り、人類の滅亡は必至だからです。その収束は、日本人の滅亡と同時進行することになります。

さらなる大問題は、沸点が摂氏３２３０度のプルトニウムが沸騰して蒸氣化した際にできた超微粒子が、中国、ロシア、北朝鮮、アメリカまで飛んで行ったという事実です。この現況・現実を、世界は絶対に放置しません。日本には、フクイチのデブリの再臨界と中性子線水蒸氣の噴出を収束させる技術も能力もありません。このことは、日本政府も渋々認めているし、国際社会も熟知しています。このまま事態を放置しておくと、フクイチの中性子線水蒸氣が世界中を飛びながら、世界人口を激減させることになってしまう。このことは、プーチンも習近平もオバマもメルケルも認識を共有しています。彼らは、本氣でこの地球をどう守るか頭を悩ませています。２０１５年3月、ドイツのメルケル首相が来日された本当の目的は、この非常事態を伝えるためでした。彼女はドイツでトップクラスの物理学者でもあり、ことの重大性を熟知されているからです。まさに今、フクイチでの中性子線水蒸氣の大量噴出は、人類の生存を大きく脅かす問題です。知らない(知らされていない)大多数の日本人は、今後、どんな結末を迎えるのか? 今さら説明の必要もないでしょう。

世界人類、そして地球の問題として、国際社会がフクイチを収束させるために、日本の主権を剥奪して国際管理下に置き、フクイチでの作業を開始する日が近づいています。数千万人の日本人が、中性子線の体内被曝で死んで行く。その時期は10年後ではなく、もう時間の問題と言えます。

増える「居眠り病」

２０１５年3月、何千人もが参列するシンガポール建国の父、リー・クアンユー元首相の葬儀のテレビ中継中に安倍総理の居眠りしているような姿が映されたことがありました。

これは一国の首相が絶対にしてはならない所作です。そんなことは百も承知のはずなのに、なぜ居眠りをしたのか? 日本に住んでいればストロンチウムを吸い込むのは当たり前のことで、脳の神経細胞のシナプス部分で情報伝達をするカルシウム・イオンの代わりにストロンチウムが置き換わってしまって、脳の神経細胞を破壊してしまったからです。だから、眠りたくなくても眠たくなる。このストロンチウムはイットリウムに壊変したあと、膵臓に集中していって激烈な熱中症の原因になります。多分、近い内に安倍総理も熱中症で倒れるかも知れません。悪いのはストロンチウムなので、居眠りした安倍総理は悪くありません。私は日頃、安倍総理には辛口でハッキリと厳しいことをブログで書いていますが、この居眠りだけは弁護したい。なお、ストロンチウムにはホルミシス効果は、一切ありません。

ところで、最近、所構わずに眠りこける「居眠り病」が増えています。これが公共交通機関や飛行機などでも頻繁に発生するようになると、どうなるのか？　やがて、日本政府の機能が麻痺してしまう日も近いかも知れません。そうして、日本国は崩壊し（国家機能の喪失）、日本列島が国際管理下に置かれる日が来る。「冗談もいい加減にしろ！」「馬鹿を言うな！」と、ほとんどの人は信じないでしょうし、怒り出す人もいるでしょう。当然です。私だって、この推測が外れて欲しいというのが本心です。

しかし、私の知人で顧問格の核物理学者の三人は、「飯山さんの予測は当たる。日本人の大量死はメルトダウンの当然の帰結です」と確信し、確言しています。彼らとはスカイプで何時間も議論を重ねました。実際に、今、東北や首都圏では急病人が出て電車が止まり、突然死が急増し、救急車は頻繁に走るようになり、火葬場は常に満杯です。冗談ではなく、日本人がバタバタと倒れ始めています。西日本～南日本で生活されている人には、まだあまり実感がないかもしれませんが。

今後、真っ先に死んでいくのは、放射能の話をする人を〝放射脳〟と軽く見て、「放射能は恐くない」という煽りを信じて、「食べて応援！　福島」を実践してきた脳天氣な人たちです。

一方、しぶとく生き残るのは、過去4年間、放射性物質の体内侵入（特に吸氣）に注意しながら、生きた植物性の乳酸菌（豆乳ヨーグルト、味噌、漬物、キムチなど）を摂取し、少食・粗食に徹し、血流・血行を促進する運動をし、1日1回は熱めの風呂に入り身体を温めるなど、免疫力をアップする生活を実践してきた人たちです。彼らは、驚くことに放射能を吸いながらも、逆に健康になっていいます！「放射能を吸いながらも、健康になった人たち」とは、心底から目覚めた人であり、覚醒者と言えるでしょう。

日本人が集団で移住する日

崩壊した日本は国際社会の統治下に置かれるでしょう。フクイチの収束作業を行う際、東日本に住民がいては支障となるため、「日本人を被曝から救う人道的な措置」という名目の強制移住が行われます。そのようにして、国際社会は人類絶滅の原因であるフクイチのデブリと、日本全国に50個もある老朽化した原発の処理にとりかかります。

移住する日本人は、強制移住させられても、ロシアや中国などにとっては、貴重な人財・人的資源になります。チェルノブイリ原発事故以降、ロシア、ウクライナ、ベラルーシの3国は、1000万人を超える急激な人口減に見舞われています。

中国には、巨大なゴーストタウンが何箇所もありますし、オルドス市だけでも最大で

８００万人の受け入れが可能と言われています。病氣の日本人であっても、受け入れ先の国にとっては医療産業を潤すお客様になります。健康な日本人は、我慢するところは我慢して、移住先の住民の言葉を覚えて平和的に馴染み、移住先の国家に貢献しながら、日本語と日本文化を頑固に守り、育てていく。

どうしても海外に移住ができない人々は、国内では九州が有望です。しかし、今のままなら、持ってもせいぜい10年でしょうか？　願わくば、国際社会の原発処理が功を奏して、ふたたび、人間の住める場所になって欲しい。しかし、それはあくまでも東日本が、世界中の核廃棄物のゴミ捨て場とならないことを前提とした場合です。

また、移住したからといって、それで問題が解決するわけではありません。どこに移住しようがしまいが、過去の5年近くの間に吸ってしまった放射性物質と、この数ヶ月に吸ってしまった中性子核物質は体内に潜んでいます。いつ体内で悪さをしでかすかもわからない放射性物質は体内にしっかりと潜んでいる。ここで大切なことは、体内に吸い込んでしまったそれらの放射性物質による放射線障害が発生しないようにすること、あるいは、発生しても少ない程度で抑えられるように対策をすることです。

フクイチから噴出している放射性水蒸氣は朝鮮半島を越えて中国やロシアの極東部にまで流れ飛んで行っていますし、これを吸ってしまった現地の人たちも死んでしまう可能性が出たわけです。主権国家である両国は、この放射線障害から自国の国民を守ろうとするでしょう。なぜなら、国民在ってこそ国家と言えるからです。残念ながら国民不在とされている日本とは大違いです。チェルノブイリの時でもロシアは国民を守りましたし、今回のフクイチから出ている大量の水蒸氣は、ロシア、中国、韓国、北朝鮮にとっては国家レベルとして許せない事態に違いありません。個人での海外移住は止めたほうがいい。移住しては駄目です。ただ、集団で移住するとなると、その難しさはかなり軽減されます。

もちろん、その条件下でもさまざまな問題はあるでしょう。それでも、お互いに配慮しながら、協力し合いながら生活していくことです。受け入れ先のロシアや中国は、日本人の勤勉性をとても高く評価しています。難民ではなく、今までの世界の歴史にはなかった全く新しい形態の移民政策です。彼らが丁重に日本人を扱うことで、その勤勉性を発揮してもらいながら自国の経済発展、とりわけシベリアやシルクロード、中央アジアなどの活性にも貢献してもらう。そこまで彼らは計算しています。それは新しい新日本国の始まりでもあります。はるか古代の昔、私たちの祖先が住んでいた場所へ、ふたたび、里帰りする日。それは、もう、間もなく到来するでしょう。

ところで、この移住説は特別に私のシナリオではありません。

２０１１年３月25日に原子力委員会の近藤駿介委員長が首相官邸に示した最悪の場合のシ

ナリオが、「福島第一原子力発電所の不測事態シナリオの素描」として首相官邸に示していました。これを受けて菅首相（当時）が何度か「首都圏３０００万人避難」を発言していて、それを真剣に汲み取った外務省は、首都圏３０００万人の移住をロシアと中国に打診した。打診されたロシア外務省は「報告書」をクレムリンに上告していて、そこには次の驚くべき内容が書かれていた。

４０００万人以上の日本人が放射能の毒性により「極めて危険な」状況下にあり、世界最大の都市、東京を含め、東日本の大半の都市から強制的に避難させられる状況に直面している。中国政府が日本側に提示したとされる、中国国内にある「無人都市（ゴースト・シティーズ）」への数千万人の移住者受け入れの申し出を、日本が「真剣に検討」していることも、ロシア側に通告してきた。このロシア外務省がクレムリンに送った「報告書」に関する２０１２年４月15日の記事は、今も「THE EUROPEAN UNION TIMES」に掲載されています。（www.eutimes.net/2012/04/russia-stunned-after-japanese-plan-to-evacuate-40-million-revealed/）

数千万人の日本人が海外に避難・移住するシナリオは、じつは４年以上も前に、ロシアにも中国にも打診されていたわけです。

では、それまでの間、いかにしてこの過酷な状況の日本で生き抜いていけばいいのか？そのヒントは、先ほどもお伝えしましたが、「放射能を吸いながらも健康になっている人たち」

にあります。彼らの身体の優れた免疫力にこそ、その秘密が隠されています。彼らは乳酸発酵体質に進化したミラクル・ボディの持ち主であり、覚醒者、すなわち目覚めた日本人です。その彼らが今後、ユーラシア大陸の何処かに移住・移民して、新しい国・新日本国を作っていくことになります。

第2部では、その免疫力を高めるための方法などを中心にお伝えしていきます。

第2部

体

免疫力

放射能時代を生き抜く鍵

第１章　放射能

チェルノブイリの教訓

　１９８６年４月26日のチェルノブイリ原発事故から、もう30年です。広島、長崎、福島で被曝した日本は、あの歴史的な教訓を何も活かしていません。ベラルーシでは、原発事故以来、確実に人口が減り続けています。

　ところが、日本のマスコミのほとんどは放射能汚染の実態を正しく報道することもなく、海外の報道の方がよっぽど事実を知らせてくれることが多いわけですよ。その傾向は現在もたいして変わりません。

　福島県内の子どもの36パーセントにしこりが見つかったのは２０１２年でした。三人に一人の子どもの甲状腺に、しこりができた。ちなみに、チェルノブイリ周辺では子どものしこりは、４年から５年後に出たのに、福島では１年数ヶ月で見つかっていた。それなのに、放射能との因果関係は不明ということで、全く騒ぎにもならなかった。もし10年後の日本があるとす

チェルノブイリ原発事故で被ばくした北ウクライナ住民にあらわれた精神、神経、身体の疾患（1987 ～ 1992年）

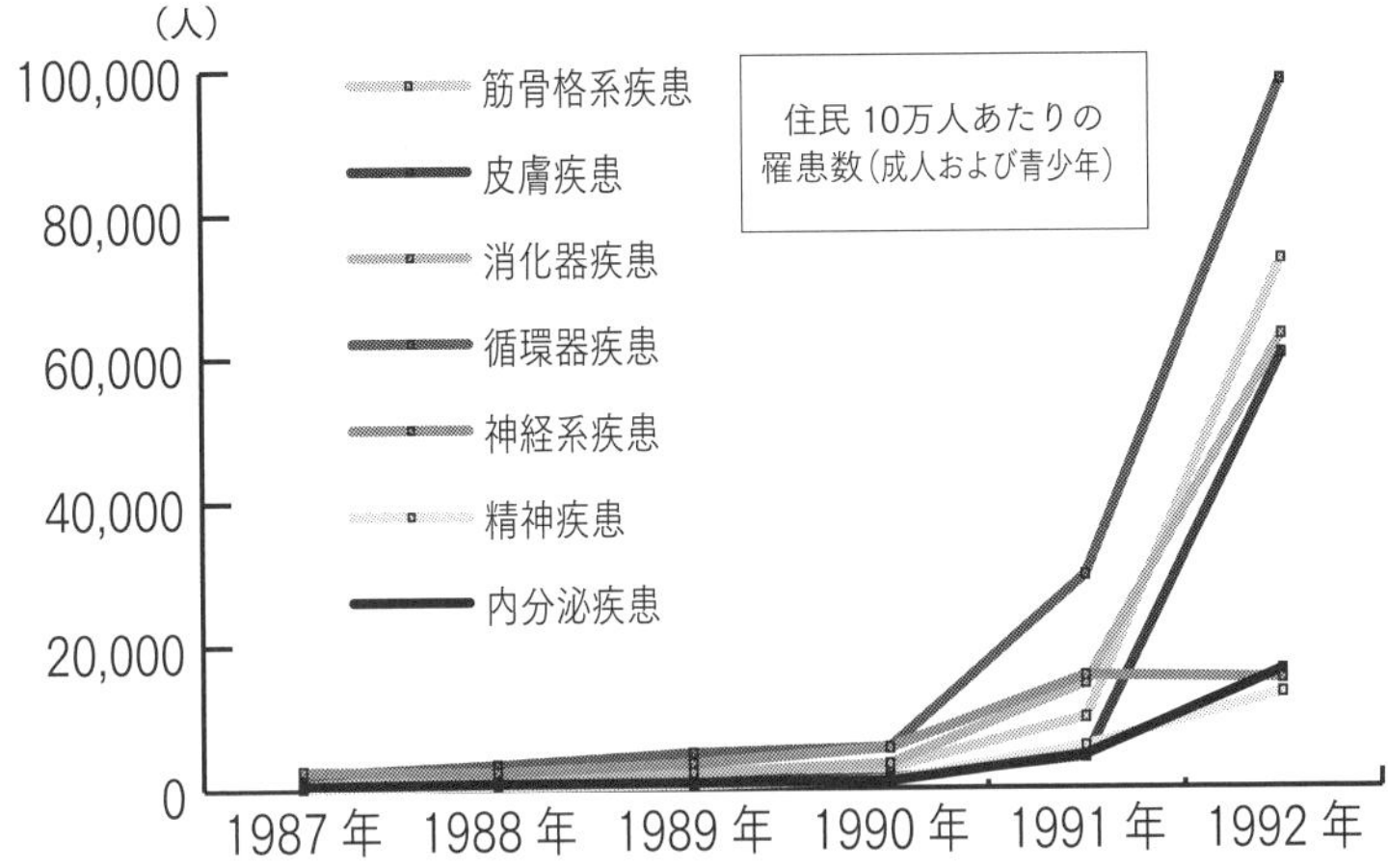

原典：Nyagu, A.I. : Medical consequences of the Chernobyl accident in Ukraine, Chernobyl ministry of Ukraine, Science Centre for Radiation Medicine, Academy of Medical Sciences of Ukraine, Scientific-Industrial Union PRIPJAT,Scientific-Technical Centre Kiev-Chernobyl 1994.(Russ)
出典:『チェルノブイリ原発事故がもたらしたこれだけの人体被害—科学的データは何を示している』（IPPNW核戦争防止国際医師会議ドイツ支部、松崎道幸ほか訳、合同出版、2012年）表7-1よりグラフ化。

るなら、医師も看護師も国会議員も下級官僚も原発の管理技術者も、誰もかれも、国中が病人だらけになっているはずです。

　チェルノブイリでは、それでもロシア政府が早急に対策を取りました。それにもかかわらず、人口が激減している。日本はいまだに漏れ続けているわけで、チェルノブイリの比ではない現実の到来は、もうすでに始まっています。

X－Dayへのカウントダウン

　2015年の1月14日、「ニュースウォッチ9」（NHK総合）では、「火葬を待たされる遺族　加速する〝多死社会〟　1週間待ちの自治体も」と題した番組が放送されました。いよいよ日本が多死社会に突入したことを裏付けるものです。

多死社会とは、高齢者層が増えて老衰死が多くなる社会のこと。日本は団塊の世代が高齢化したので、すでに多死社会に突入しています。さらに、5年近くも放射能を吸い込んできたため、数千万人が内部被曝状態になっている。また、日本の医療には、健康人をわざと病人、患者にして、マッチポンプで犠牲にする側面もあるので、これも人口減の大きな原因です。ツイッターの「2ちゃん原発情報」(mobile.twitter.com/2ch_NPP_info)を見ると、昨今の訃報の多さが実感できます。死亡多数で、冠婚葬祭互助会は破たん寸前。掛け金は戻らず、葬式も出せず。葬式が出せても火葬ができない。死者を弔う面での機能麻痺も起きているようです。

ともかく、２０１５年の夏、熱中症で倒れた人たちがとても多かった。病名は熱中症でも、実態はストロンチウムが核変したイットリウムが膵臓に集中して臓器不全を起こす新型の疾病です。真っ先に倒れていくのは、今までの5年近くの間、免疫力を向上させるなどの放射能対策をしなかった脳天氣人間です。

前財務事務次官の香川俊介氏が同年の8月9日、まだ58歳の若さで死去しました。彼は消費税増税と法人実効税率の引き下げに尽力した超大物でしたが、その死に霞ヶ関が震え上がったと言われています。同年の8月から11月の4ヶ月だけでも、著名人がかなり亡くなられました。しかも、若い年齢層が多い。女優の川島なお美さんが54歳で、俳優の阿藤快さんが69歳でなど著名人の死は隠せなくても、無名の庶民の方々の死は見えません。一人の著名人の死が氷山の一角とすれば、その下には何倍もの死があると考えて下さい。

香川氏の死は、国家統治を司るべき大臣や官僚などの死が隠し通せなくなる日の到来を予兆する意味があると言えます。その時こそ、政府が国家統治権を放棄せざるを得なくなる運命の日です。Ｘ―Ｄａｙの到来は、もう時間の問題です。

「放射能ゼロ空間」に住み、乳酸菌を自宅培養し、「豆乳ヨーグルトも自宅で作って食べ、血流を促進させる運動をして、空腹でも小食・粗食で我慢の人生を送ってきた人たちは、余計な心配をしなくても大丈夫です。今までの生活を続けて下さい。

現代医療の不都合な現実

薬はリスクであるだけでなく、悪徳医者のカネ儲けの手段です。街の病院に来ている患者の98パーセントは、薬など服用しなくても自然治癒します。残り2パーセントは薬を服用しながらも病状が悪化して死んでしまいます。

薬のエピソードで面白い話があります。

私の知り合いが埼玉県で病院を開業していますが、年収が3000万円もあって愛人を三人も持っています。彼は亡くなった患者さんに薬を出したように見せかけた架空診療のカルテを書いたものだから、当然、保険診療はストップされてしまったんです。来院客は三分の一になり、製薬メーカーも薬は卸してくれないので、患者さんに薬が出せなくなった。そうしたら、意外な結果が出てきた。患者の体調が例外なく良くなってしまったんです。でも、それだけでは収入がない。相談された私はアドバイスとして、玄米を乳酸発酵させた乳酸菌液を患者さんに提供することを勧めました。彼はそれを患者さんに飲ませたところ、どんどんと患者さんの体調が良くなってしまい、やがて「あの病院に行けば病氣が治る」という噂が口コミで広まってしまった。2年後に保険診療の指定が戻るまでの間、来院患者が途切れることがなかったんです。

イスラエルでも、ある病院でストライキが起きてしばらくの間、営業がストップしてしまったら、ストライキの間の患者の死亡率が急激に低下していたことがありました。

腸内の腐敗を発酵に変える

イヴァン・イリッチの『脱病院化社会』（晶文社）という本では——現代西洋医学で完全に治せる病氣は、いったい何と何があるのか？　むしろ病院へ行ったがために病状が悪化するという医原病（イアトロゲネシス）の方が恐ろしいということが書いてあります。

どんな難病であっても、その原因は免疫力の低下が発端です。腸内に腐敗菌や化膿菌や病原菌が激増して、そのまま定着する状態で、関節リウマチも、発端は腸内の激しい腐敗現象です。このことが大半の医学者たちにはわからないので、対症療法に走り、さらに病状を悪化させてしまいます。それでも患者は、盲目的な医学信仰があるので、医者が処方する対症療法薬を服用し続けてしまう。この対策は簡単で、腸内の腐敗を発酵に変えるだけです。病人でも特に末期のがん患者や関節リウマチの患者の腸は、腐敗菌や化膿菌が大量に繁殖しています。がん患者が多い病棟のトイレの悪臭は、腐敗しきった便が原因です。

腐敗を発酵に変えれば、どんな病氣も良くなります。腐敗を発酵に変えるための最も簡単で効果的な方法は、腸内に乳酸菌を送り込むことです。口からも、浣腸をしてでも、腸内に乳酸菌をたっぷり送り込む。これで万病が癒えます。こんな簡単なことが理解されず、無視されているのはなぜか？　こんなに簡単に病氣が治れば、医療機関や製薬会社が不要になるからです。

がんの原因

3・11の5年後の2016年頃から、チェルノブイリの原発事故の後遺症と同じように、日本は関東平野を中心にがん地獄になるでしょう。

放射性物質が、人間の正常細胞をがん細胞に悪化させる原因物質です。この放射性物質との闘いに勝つことができればがんになりません。そのためには、正常細胞ががん化する理由を正確に認識する必要があります。

がんの原因物質とは、活性酸素、ウイルス、放射線の3種類だけです。何百種類もある発がん物質は、正常細胞ががん化する際の引き金に過ぎません。3種類のいずれかの原因物質により、テロメアと名づけられた遺伝子・染色体が破壊されると、その細胞はがん化します。テロメアが破壊された細胞が、がん細胞です。

3種類の中で最も強力ながん原因物質＝テロメア破壊物質こそが、放射線です。体内被曝の場合、放射性物質が出す放射線はテロメアを１００パーセント破壊してしまいます。

その理由は、放射線がエネルギーの高い電磁粒子であるからです。これは、無数の鉛玉を発射する散弾銃の連続発射と同じようなものです。それほど、体内に入った放射線は恐ろしいもので、致命的です。この放射線の恐ろしさを知らない学者や医者が多く、彼らが言う「放射能は怖くない」「放射能は安全だ」を信じてしまっている大半の日本人は、危機感さえも抱かない。全くの悪循環です。御用学者は、放射線の恐ろしさを東京電力のために否定してきたので、犯罪者と同じです。

無限に増殖するがん細胞

テロメアは細胞分裂のカウンター（計数器）で、ＤＮＡの螺旋状の紐の先端部分にあります。細胞は普通、最大でも１２８回程度の分裂を繰り返すと消滅していきますが、その分裂回数を行き過ぎないように数えて、チェックをすることでバランスを整えてくれている監視役がテロメアです。テロメアは細胞が老化すると、細胞分裂をストップさせる命令と、自殺命令を出します。すると、老化した細胞は細胞分裂を止め、自ら死んで老廃物になります。皮膚細胞が老化して死ぬと、垢という老廃物になります。身体の中で老化し自然死した細胞の残骸は、便として排泄されます。ところが、飛んできた放射線に破壊されてしまったテロメアは分裂回数が数えられなくなるので、細胞分裂は延々と繰り返されてしまう。次から次へと細胞分裂が無限に続いていく細胞、これががん細胞なんです。

そして、このがん細胞には2種類あります。一つは、放射線の中でも特にα線やβ線などに直撃されてＤＮＡが完全に破壊されてできたがん細胞です。二つは、ミトコンドリアが作る元氣ながん細胞で、私たちの体内で1日に1万個近く作られています。

この不思議な生き物のミトコンドリアは、人間のあらゆる細胞の中に棲んでいる。人間の60兆個の細胞の1個1個の中には、約１０００個のミトコンドリアが棲んでいて、しかも彼らは独自のＤＮＡを持っている。私たち人間は60兆個の各細胞の中にさらに１０００個ずつのＤＮＡをミトコンドリアの中に抱えて生きていて、彼らが人間の生命を維持してくれているわけです。人間はミトコンドリアというマンションの中に住んでいると言えます。たとえば、細胞が「水が欲しいよ」となれば、ミトコンドリアは細胞膜に穴を開けてくれて、そこから水の分子が入る。この細胞内への水の通り道をアクアポリンと言い、ピーター・アグレ博士が２００３年にこれを発見されてノーベル化学賞を受賞されました。発がん物質の放射線が細胞内に入ると、ミトコンドリアは夢中になって活性酸素を作り、侵入してきた発がん物質を酸化させます。そして、酸化させた発がん物質を細胞の外に追い出してしまう。その働きをするミトコンドリアが全体の４割ほどいるそうです。

最も怖いストロンチウムとプルトニウム

放射能の中で最も怖いのがストロンチウムとプルトニウムです。セシウムやヨウ素はこれらに比べると、それほど心配する必要はありません。フクイチの大爆発で炉内温度が５０００度近くになり、ストロンチウムもプルトニウムも沸点を越えて蒸氣となり、世界中を飛び回ったわけです。

ある東大教授などは、プルトニウムは比重が重たいから大氣中を飛ばないので心配は要らないと言いましたが、比重の重さの大小に関係なく原子の大きさになれば風で飛んでしまいます。桜島の噴火の灰は燃えカスではなくて石の欠片ですが、それでさえも１００キロメートル離れた私の住む志布志にまで飛んでくるんです。

私たちの体内細胞は60兆個あるとされ、誰もがすでにストロンチウムやプルトニウムを吸ってしまっていて、それらは体内に潜んでいながら、時には放射線を放出するわけです。細胞は常に細胞分裂を繰り返しながら増えていきますが、その時にＤＮＡも移動をして二つの細胞になって増えていきます。このＤＮＡを放射線が打撃を加えて破壊します。蛍光灯からは光が放出されていますが、光は光子で波動であって粒子（物体）ではありません。ところが、ストロンチウムやプルトニウムから放出されるα線はヘリウムの原子核なので、波動ではない物体が飛んでくることになります。たとえば、ハンマーが飛んできて人に当たれば死ぬように、放出されたヘリウムの原子核も細胞を破壊します。

第２章　病

何事も「活かす思想」が大事

何事も、勝てるかどうか？　それは考え方次第。幸せになれるのも不幸になるのも考え方次第です。がんで死んでしまう人も長生きする人も、その分かれ道は考え方の差です。抗癌剤を処方されたら、ハゲ頭になってしまった。これは、その抗癌剤が細胞分裂が活発ながん細胞や毛髪細胞を殺してしまうからです。「がんは早期発見して切除してしまえ」「がん細胞は抗癌剤や放射線を使ってすべて殺してしまえ」というような荒療治の根本にあるのは、「殺しの思想」です。悪いモノは殺せという考え方です。

陰謀論によく出てくる、世界人口削減計画という考え方も「殺しの思想」です。がん医療も、ワクチン接種運動も、世界人口削減計画も、原発推進運動も、根っこは同じです。私は「殺しの思想」が大嫌いです。何事も「活かす思想」に思考を転換することです。

たとえば、がんについても、徹底して「活かす思想」で対処する。がんを活かすとはどういうことか？ がん細胞は細胞分裂が活発で、無限に増えてゆきます。この生命力が豊かであることの秘密は、がん細胞が生命エネルギー（ＡＴＰ、アデノシン三リン酸）を活発に生産するからです。せっかく生命力にあふれているなら、そのがん細胞は、殺さずに活用すればいい。実際に、がん細胞の生命エネルギーは、われわれの身体の中で活用されています。

たとえば、マクロファージ。これは呑食《どんしょく》細胞で、がん細胞をどんどん食べる。喜んで食べます。栄養のある元氣な細胞を食べたマクロファージも、それこそ元氣になります。マクロファージが元氣になることは、免疫力が上がるということです。つまり、がん細胞は、免疫力アップに貢献してくれていることになります。

多分、免疫力アップに役立つがん細胞の数は、１日に５０００個程度がふさわしいでしょう。われわれの身体は、実際に１日に５０００個程度のがん細胞は作るようになっています。人間の身体というのは、伊達や酔狂で、あるいは間違いでがん細胞を作っているわけではありません。ちゃんと計算されているんです。

ただ、がん細胞がいくら免疫力アップに役立つ細胞だとしても、１日に数百万個も、数千万個もできてしまったら、これは大変なことですが。ところが、その大変なことが、今、特に東日本では爆発寸前まで来ているんです。ともかく、がん細胞を活かすという考え方と、がん細胞は殺すという考え方の差は、大きい違いです。どちらを選ぶのか？ まさに生死の分かれ目になる選択肢です。

がん細胞はマクロファージの大好物

白血球は大きく分けて、リンパ球、顆粒球（好中球）、マクロファージの3種類があります。リンパ球の一つがＮＫ（ナチュラルキラー）細胞で、悪玉菌バスター（掃除屋）です。

ミトコンドリアが1日に作る1万個近いがん細胞は、マクロファージにとっては最高のご馳走です。つまり、免疫細胞の王様であるマクロファージの免疫力を上げるために、私たちの身体ががん細胞を作ってくれているんです。がん細胞は私たちの生命の維持に必要だから作られていることになります。がん細胞によって私たちの免疫力が上がっている！　がん細胞、大歓迎なんですよ！

ところが、現代社会の風潮では、がんは恐ろしいものとされています。たとえば、テレビの番組でがん患者のドキュメンタリーを観た視聴者は、それで徹底的にがんの恐怖を刷り込まれてしまいます。恐怖や心配を故意に作れば、それでまた金儲けができます。これがショック・ドクトリンです。残念ながら、貨幣経済社会にはそういう不都合な現実があることも、よく覚えておいて下さい。断言します！　本来、がんでは人は絶対に死にません。死ぬとすれば病院の検査と治療が原因です。

特技の一つは、どんなに難解なことも万人にわかりやすく説明できること！

誤解のないように言いますが、中には素晴らしい医療従事者もいらっしゃいます。近藤誠氏（近藤誠がん研究所所長）の本があれだけ売れていることは、医療の裏の実態を世に知らしめたという点で、とても評価されるべきだと思います。これで助かった方々が相当数いるからです。

私自身は、病院には行かない、医者とは関わらない、薬は飲まない、検査は受けない、以上の4点を生活信条としています。

マクロファージを拡散させる

腸にはパイエル板という臓器があります。1677年にスイスの医師パイエルが発見したもので腸管免疫と呼ばれ、生体防御に関わる免疫機構において重要な働きを担っていることが判明し、その機能が徐々に明らかになりつつあります。パイエル板の周囲には免疫細胞の７割程度が集まっていて、ここでマクロファージができますが、がん細胞もここに集まっています。

なぜ、腸の周囲に集まって来るのか？　免疫細胞には正常細胞と異常細胞を瞬時に判断する能力があります。人間が食べた食物は口から腸内に流れて来るので、腸内で待機しながら、正常か異常かを識別して処理してくれている。腸内環境を正常に保つための見張り役です。

もし腸内に食物がなければ、わざわざ腸の周囲に免疫細胞が集まる必要もなくなり、彼らは体内のあっちこっちに散らばって行きます。そして、異常細胞を見つけては、それをバリバリと食べてくれます。その異常細胞ががん細胞などの病氣の原因です。つまり、食べないほど身体は病氣になりにくくなり健康になるということです。

オリンピック・柔道金メダリスト　斉藤仁さんを偲ぶ

２０１４年６月、ある有名な格闘家が私を訪ねてわざわざ鹿児島の霧島までお見えになりました。彼とはそれまでには一面識もありませんでした。ホテルにいらした時、彼は階段を登れませんでした。ホテルの従業員が脇から彼を支えながらエレベーターで２階の客室までお連れして、しばらく休憩してもらってからお会いしました。

そこには、往年の金メダリストの風格は微塵も感じらない、病的でオーラもない、小さな斉藤仁さんがいました。

飯山「斎藤さん、あなた、胆管がんだそうですね……」

斉藤「ええ、そうです」

飯山「胆管がんになった経緯をこれから10分間、もう一度、頭の中で思い出して下さい。本当に胆管がんだったのか？　自分の心と身体に問いかけてみてくれませんか？」

斉藤「……そう言えば、飯山さん、あの日の午前中はいつもの如く、稽古で投げたり投げられたりしていました。汗みどろになって。しばらくしてから、病院の検査に行くことを思い出しました。急いでカツどんを2杯平らげてから、病院に向かいました。検査の結果、肝機能が異常に高いと診断されました」

飯山「そんなことでは、肝機能の数値が高くなるのも当然じゃありませんか」

彼はその後、別の大学病院に行くことになりました。なんとか助かりたい一心でその病院も抜け出すと、ある人から佐賀県の某所に行くことを勧められたそうです。そこは西洋医学を使わずに氣功の力でがんを治すらしい。斎藤さんはそこを訪ねたら「柔道の試合で歯が折られた後、新たに入れ換えた歯には金属が入っていて、そこから放出しているガルバニック電流ががんを悪化させているので歯をすべて抜きましょう」と言われて、歯を全部抜かれてしまったそうです。

九州には、そこで歯を抜かれたという人たちがたくさんいて、私に何人もの方から電話がありました。そのことをブログで以前に書いたら、当人から文句の電話がかかってきたことがありました。私は「あなたの話していることはすべて録音していますよ」と言うと、彼はすぐに電話を切って、その後は何の音沙汰もない。よほど自分のやってきたことがやましかったんでしょう。武士の情けで、実名はここでは伏せておくことにしますけどね。

そうして、最後には斎藤さんも自分が胆管がんではなかったことを理解してくれました。その晩、参会者も交えての大宴会でした。乳酸菌で発酵させた豚肉をしゃぶしゃぶにしたんですが、斎藤さんの食欲はすごかった！　食べるは食べるは(笑)。

飯山「医者から禁じられている豚肉をそんなに食べまくって……。斉藤さんは、ほんと、
　超人だわ！」

と、私は彼を茶化しました。すると、斉藤さんはカバンから金メダルを取り出して私に言いました。

斉藤「私は、ロス五輪とソウル五輪で金メダルを貰いましたが、一個は母校に寄付しました。
　残り一個がこれなんですが、飯山さん、これをもらって下さい！　差し上げます」

飯山「いや、斉藤さん。この金メダルは日本の宝です。斉藤さんが持ち続けて全国のあち
　こちで皆さんに見せ、勇氣と希望と元氣を渡して上げて下さい」

丁重にお断りさせていただくと、その場での金メダルの授与式は中止になりました。

次の日の朝。斉藤さんは霧島神宮の本殿まで勝手に駆け上がって、汗みどろになって帰ってきたのには驚きました。私は予定の長距離ウォーキングを中止にして、斎藤さんと一緒に日光浴をすることにしました。ホテルの屋上での日光浴の合間に、私は真剣勝負の決闘を斉藤さんに申し入れました。

飯山「私は武道の心得はあるし、合氣道も空手も必殺の威力がある。あなたに必殺の蹴りを入れるから、受けてくれませんか」

私は斉藤さんを殺すつもりで間合いをとって対峙しました。

斉藤「ウォーッス！」

この凄まじい氣合に私は一瞬、「あれ？〝ウォッス！〟って空手みたい!?」と思ったものの(笑)、斉藤さんの発する凄まじい殺氣で氣が萎え、腰が抜けて床にヘタりこんでしまいました。

飯山「あなたが発した殺氣は凄まじいです。もし下手に蹴りを入れたら、その太い腕で打ち払われ、私の足の骨は砕けてしまう。参りました！私の負けです」

私は深々と頭を下げました。その直後に斉藤さんの言ったことは、まさに珠玉の言葉で、一生忘れられません。

斉藤「殺氣が出るのは未熟な証拠です。シベリアで修行してきます。ウォッス！」

8月。斉藤さんは、ロシアで開催された世界柔道選手権の日本選手団の団長として、元氣一杯にシベリアに飛んで行かれました。ロシアに飛び立つ直前、斉藤さんが「飯山さん、ロシアで修行してきます！」という電話を下さいました。後になって、これが最後の斎藤さんの言葉になるとは思いもよりませんでした。２０１５年、斎藤さんは奥さんのいる大阪に帰ったところ、発熱があるというので病院に行って。そして、亡くなられてしまいました。

斉藤さんとのエピソードで私が伝えたいこと。

それは、がんを怖れることは共同幻想であるということなんですよ。

吉本隆明氏の『共同幻想論』（角川書店）は往年の大ベストセラーですが、彼は『遠野物語』（柳田國男、集英社他）を題材にして「共同幻想論」を説いています。山奥に棲む妖怪に村人が「神隠し」にあうという伝説（共同幻想）に村人たちが恐怖感をいだく。このショック・ドクトリンは、「がんという共同幻想」に通底している。

そもそも、がんによる死亡者数は、１９５8年で8万７０００人（出典：国立がん研究センターがん情報サービス「がん登録・統計」）ほどでした。その後、「がんという病氣に罹ると、もう助からない」「がんほど恐ろしい病氣はない」という話が世の中に広まり始めます。やがて、がんで死んだという弔報が増え始めます。「がんは早期に発見して早期に切除すれば治る」という話になると、何十万人という人が胃を全摘出されたり、乳房を全部切除されてしまうようになってしまいました。胃を切除された後も、ピシバニールとかクレスチンといった劇薬の抗癌剤を打たれ、脱毛と激烈な嘔吐に苦しみながら死んでいきます。２０１４年のがん死亡者数が36万人（出典：同前）にまで増加していて、56年間で4倍です。それらの劇薬は、数兆円も売られたのに効果がなかったということで販売が中止されてしまった。しかし、いまだに患者が激烈に苦しむシスプラチンといった抗癌剤が平然と処方されているわけです。いつの間にか、「がんは恐ろしい病氣だ！」と恐れおののき、「がんは早期発見して治療すべきだ！」という共同幻想を信じ込んでしまっているんですね。

世界のトップアスリートだけが持つ魅力！　あの笑顔！　霧島での元氣と殺氣。今となってはすべてが想い出になってしまいました。本当に惜しいことです。今は斉藤さんの冥福を祈るしかありません。合掌。

第３章　微生物

免疫力で防備せよ

免疫細胞が体内に増えるほど、病氣にはなりづらくなります。仮に放射線障害が現れても、やがて治ります。どんなに放射能が強くなっても、それに対抗できるだけの免疫力に高めておけばいいわけです。たとえば、子宮頸がんワクチンを打っても、悪症状が発症する人としない人がいます。アトピー性皮膚炎の人口が国内でいまや40万人いるとされていますが、その他大勢の人は発症していない。発症する人の側でなく、発症しない人の側の視点から原因を追求すると、結局、発症しない人というのは、身体の自己免疫力が優れているからだと言えます。

ならば、いかなるものにも影響されないような、確かな免疫力で武装しておけばいいわけです。放射能は目に見えなくて、直ちに害がでません。なかなか氣がつきにくいし、心配すらしようとしなくなってしまう。甘く見てしまう。だから厄介者なんです。

大半の日本人がこれだけ脳天氣でいられる一つの大きな原因は、ここにもあります。御用学者や御用識者は体制に都合の悪いことは言わず、大半のマスコミも見て見ぬふりで、本来の役割を全く果たしていません。

腸内微生物と生物学的原子転換

栄養学では、カロリー計算をして、３大栄養素をしっかり摂りましょうなどと謳っています。人間が食べた物は腸内の胃酸で酸化されて腸内微生物の餌になります。タンパク質はアミノ酸に、脂肪は脂肪酸に、炭水化物はブドウ糖にそれぞれ分解されますが、それらのすべてが腸内微生物の排泄物なんです。それらを腸が吸収してくれて人間の栄養となっています。つまり、人間は微生物の排泄物を食べていることになります。

ここ数年来、食べないでも生きている人たちが世界中で増えているそうです。最新の研究では、人間の腸内微生物は１０００兆個いると言われていますが、彼らが腸内で消化吸収分解をしてくれています。彼らの寿命は10分、１時間、２時間と何通りかの説がありますが、大量の微生物は短時間で生死を繰り返しているわけです。その死骸が人間の栄養分で、腸内微生物が増えるほど栄養も増えるわけです。水分とミネラルさえあれば細胞はできます。空氣中には水分がありますが、吸い方によりミネラルとして利用できます。だから、腸内微生物の力を利用すれば人間は食べなくても生きることは可能です。

パンダ、コアラ、牛などの草食動物は、一生、草しか食べません。草は炭化水素なのでカルシウムも含有されていず栄養分がゼロなのに、なぜ、あれだけの立派なカルシウムの骨格ができるのか？　それは、ルイ・ケルヴラン（フランスの科学者）が唱えた、腸内微生物による生物学的原素転換（酵素やバクテリアの作用で一つの元素が別の元素に転換するという理論）が行われているからです。草はカリウムの固まりですが、カリウムに原子を二つ足すとカルシウムになります。簡単にカリウムからカルシウムができてしまうんです。その原子転換をしてくれているのが、１０００兆個の腸内微生物というわけです。

今の体質を変える

どんな病氣も、今の体質が原因です。
今の体質を別の体質に変えることができれば、今の病氣は治ってしまいます。
私が実践している、誰でもできるその方法をお伝えしましょう。

1. 体質を変え、病氣を自力で治すと強く決心する。
2. 決心しながら、「あらびき茶」を飲む。

指圧士・石塚美津子さんの指導により、心身を活性させ、“今の体質を変える”。

3．ウォーキングか、その場足踏みと体操で汗をかく。
4．発汗作用が自覚できたら、熱い風呂に入る。
5．入浴後、すぐに肌着を着て、布団にもぐり込む。

以上のことを10日間連続して行います。1クール当たりで4~5回の発汗作用と、血流の亢進が起こり、必ず体質が変わっていきます。体力が衰弱している人は、無理せずに間に1~2日の休養日をとって下さい。自覚と、発汗作用と、運動による血流促進。これを10日も続けると、必ず体質が変わります。

微生物界のドン　光合成細菌

光合成細菌は微生物界の横綱です。

原始地球には海水と岩石しか存在せず、有機的エネルギーがなかったので、地球最初の生命体は宇宙からの紫外線や放射線をエネルギー源としていました。当初は紫外線や放射線の破壊力を色素で減じさせ、無機的環境下で光合成を行うというシンプルな生命体でした。微生物や植物は、炭水化物・脂質・蛋白質等の有機物を必要とせず、紫外線や放射線をエネルギー源として、炭酸ガスと水から体細胞を合成しています。光合成細菌は、水の代わりに硫化水素などの無機物を栄養源として、紫外線や放射線の電磁粒子で炭酸同化して体細胞を合成できます。

放射能が漏れ続ける日本では、偏西風でない巻き風になると放射能が日本列島中を飛び交ってしまう。光合成細菌がこの放射性物質を体内に吸収すれば、電磁粒子のエネルギー受容率も格段に高まります。原始地球においては、紫外線や放射線という強大なエネルギーが存在したからこそ、最初の生命体が誕生できたのであり、紫外線や放射線という強大なエネルギーを利用しつくす光合成細菌が誕生したからこそ、生命の進化の基礎が築かれたわけです。

この光合成細菌に活力（ビタミン、ミネラル、乳酸）を与えるのが、乳酸菌です。この二つのコンビが、放射能を無力化してしまいます。

光合成細菌にとって、セシウムやヨウ素などの放射性物質は格好の餌です。それらを喜んで集めて食べてしまう。人間が死んでしまうような強い放射能にも、ビクともしないし、原子炉の内部でも平氣で存在できます。この性質を利用すれば、微生物を使って放射性物質を処理できるわけです。

微生物を使って放射能を回収する実験をしている研究者もいて、広島国際学院大と関西の企業との研究グループが、土壌や河川を汚染しているウランなどの放射性物質を、微生物を使って回収する技術を２００８年に開発しています。

２０１０年、中国新疆ウイグル自治区の新疆農業科学院微生物応用研究所の石玉瑚研究員らのグループは、耐放射能性の真菌と放射菌を発見しています。一般の細菌は２０００〜５０００グレイ（放射線被ばく量の単位）で全部死ぬのに、発見された微生物は１万〜３万グレイでも生きられる。広島と長崎の原爆の放射線量は10グレイ、人間はわずか５グレイでも１時間しか生存できないので、これはすごい発見です。

微生物や植物がエネルギー源として活用する、放射線や紫外線。これらは電波の一種です。波長の長い順から並べると、長波→短波→マイクロ波→赤外線→可視光線→紫外線→ガンマ線（エックス線）で、ここまでが電磁波です。アルファ線・ベータ線・中性子線などは粒子線です。紫外線より放射線の方がエネルギーが強いので、それをエネルギー源とする光合成細菌は大喜びします。まさに類稀なる実に頼もしい特殊な能力を持っていると言えます。

人類に大きな希望を与えてくれる光合成細菌の正式名称は、光合成細菌群です。毒性物質（有機栄養性腐敗菌・プトレシン・カダベリン・硫化水素等）を除去する能力に優れています。中でも、紅色非硫黄細菌は、ヘドロなど有価物の腐敗分解作用の強い環境で生成される猛毒のプトレシンやカダベリンを好んで分解・除去する能力が高い。幼穂形成期（生殖生長期）に発生した硫化水素を利用・分解除去する能力にも優れています。光合成細菌は光の当たる場所の方が有害物質の除去作用能力は高く、光が当たらなくても除去する能力もあります。

水稲根圏において、根が好まない有害物質を除去し、根の呼吸や、栄養代謝系を守る作用もあることが明らかになっています。

光合成細菌の生み出す多彩な効果は次の通りです。

1．臭氣解消……光合成細菌は、腐敗菌が発生させる悪臭物質を栄養源として積極的に利用する。悪臭を除去する微生物の代表格。

2．能力向上……汚水処理施設の処理能力は微生物数が多いほど向上する。光合成細菌を返送することにより、既存の汚水処理施設内の菌の数は飛躍的に増大し、処理能力も大幅にアップする。

3．膨化抑制……膨化とは、バルキングのこと。光合成細菌はバルキングの主原因である糸状菌を迅速に駆除する。現在は、化学薬剤が大量使用されているが、副作用も強く、良い結果はない。光合成細菌のバルキング抑止効果は絶大であり、活性汚泥の減少などの副作用も皆無である。

4．薬剤不要……光合成細菌反応槽等の処理槽の増設と光合成細菌の浄化作用により、汚水処理施設全体の処理能力は大幅にアップする。これにより、ポリ鉄、苛性ソーダ、ポリマー（高分子凝集剤）、希硫酸等の薬剤の使用は不要になる。

5．汚泥減少……光合成細菌が汚水浄化に参加するため、大量の汚泥を発生させる大型好氣性菌の役割が減少するので、当然、汚泥も減少する。さらに、光合成細菌は好氣性菌の死骸を分解するので、発生汚泥そのものも減少する。

6．栄養効果……光合成細菌の返送により、処理水中にビタミンやホルモンが増大し、処理水そのものが栄養剤液になる。

7．発酵転換……光合成細菌は、発酵菌群の代表である乳酸菌を増大させる。また、腐敗菌類を死滅させる放線菌も増える。そのため、腐敗傾向にあった処理槽全体が発酵状態に移行する。

8．装置不用……光合成細菌反応槽や沈澱槽の増設で処理能力が大幅にアップするので、砂ろ過塔、活性炭吸着塔、逆洗水槽、諸薬剤槽等運用経費のかかる装置を使わなくてもよくなる。また、光合成細菌には強力な脱臭作用があるので、脱臭塔も不用となる。

9．機能拡張……光合成細菌液の返送により既存の処理槽が光合成細菌の繁殖装置に変る。そうなれば、下流の処理システム内の光合成細菌が更に活性化する。この活性化した光合成菌細液の用途は広い。場内に環流させ処分場を浄化し無臭化する。バルキング抑止剤として光合成細菌は、化学剤を圧倒する効果を発揮する。湖沼河川浄化剤としても優れた微生物資材であり、農場、養魚場、養豚場、畜産業と、光合成細菌液の需要は限りなく大きい。

※腐敗菌が発生させる悪臭物質には、アンモニア、インドール、スカトール、硫化水素、揮発性アミン、メルカプタン、脂肪酸、酪酸、吉草酸、ピュトレシン、カダベリン等がある。

光合成細菌の体内には、豊富なミネラル・ホルモン・核酸などが含まれていて、稲の発芽形成も助けます。砂耕で科学肥料を元肥として栄養生長させ、追肥の時期に達した時に追肥として、①さらに科学肥料のみ追加　②光合成細菌体を追加　③クロレラ（単細胞藻類で24時間で4倍に増殖する）藻体を追加（いずれも窒素、リン酸、カリはそろえるよう調整した）。そして、それら3種類が1穂粒数に与える効果を実験してみたことがあります。イネの茎は太くなり、まず最初に出穂し、ついで（2日後）クロレラ使用区、最後に（7日後）科学肥料施用の対照区のイネが出穂し、無機の科学肥料のみ追肥した区の粒数（66・8）に比べて、光合成細菌体を追肥した区は87・9粒で約30パーセントも増加しましたが、それだけ大きな穂がつくられたことになります。サルモネラ菌とＯ１５７に光合成細菌を１パーセント添加した時の抑制効果も、とても優れていました。

光合成細菌は、人間の体細胞が細胞内で酸素（O_2）を活性酸素（O_3）にするように、電子を操作する能力があるらしい。

「電子を操作するというより、電子銃を持っているといった方が妥当です」と言ったのは、分子生物学を専攻する某製薬会社のＷ研究員でした。彼の学説は、頭が硬くて古い学問分野を信じている人間から見れば「トンデモ学説」ですが、製薬会社の研究室で実証しているから真実だと信じる以外ないでしょう。その説を私なりに要約すると次のようになります。

光合成細菌は高効率スクリューで放射性物質のところに泳いで行き、たとえばセシウム１３７の原子１個を細胞内に取り込みます。この理由は、セシウム１３７が出す放射線という核エネルギーを利用するためです。

ところがセシウム１３７は、簡単には放射線は出しません。セシウム１３７の半減期は30年で、このセシウム原子の半分が放射線を発射して原子崩壊し、バリウム１３７になるのに30年もかかるそうです。そこで光合成細菌はセシウム１３７に〝電子誘導銃〟を発射します。これは、セシウム１３７に放射線を出させるためです。

実際、光合成細菌の体内に取り込まれたセシウムは、電子銃を打ち込まれると、ついつい、うかうかと放射線を発射してしまいます。このようにして光合成細菌がセシウム１３７の核エネルギーを受領します。

一方、セシウム１３７は光合成細菌に放射線という核エネルギーを与えた瞬間、原子崩壊してバリウムに変身して放射線を出さない物質になります。これが放射性物質の無害化なのか、あるいは生物学的原子転換なのか？　ともかく、光合成細菌は放射性物質をエネルギー源として利用しているということです。

会話の中、W研究員が、「飯山さんは、光合成細菌が放射性物質を無害化すると言い切れますか？」と訊いたので、「そんなことをブログなどで書いたところで、馬鹿にされるのが関の山なんじゃないんですかね」と答えました。

ところで、この説を裏付けるような記事が「福島民報」電子版（２０１１年8月3日）に掲載されたことがありました。南相馬市、飯舘村で微生物を活用した除染実験に取り組んでいる田崎和江金沢大名誉教授が、放射性物質を取り込む糸状菌のバクテリアを発見したという内容です。水田の表面は毎時30マイクロシーベルトの高い放射線量だったのに、その後、１桁台に下がっていたらしく、水田では無害のバリウムが確認され、田崎名誉教授はバクテリアの代謝によって放射性セシウムがバリウムに変わったとみているそうです。この実験成果は「地球科学」に発表すると書かれていましたが、まだ発表されていないようです。「福島民報」

の記事も、すぐに削除されてしまって現在は確認ができません。田崎氏が発見されたとされる糸状菌と光合成細菌は、多分、類似の物と思われます。

微生物の力を利用すれば大幅に線量を減らす手段があるにもかかわらず、意味のない除染を今も続けています。２０１５年12月10日の「毎日新聞」には——取り除いた表土や草木を入れた黒い袋（フレコンバッグ）が福島県内で山積みされて増え続け、容量が１立方メートルのその袋は、約９１５万５０００袋が約11万４７００ヶ所の仮置き場や除染現場の保管場所に置かれている——という内容の記事が掲載されました。

第4章　竹・塩・麻

竹の驚異的な生命力

エジソンが電球のフィラメントに日本の京都の竹を使用したエピソードは有名で、日本三大八幡宮の一つ、京都の石清水八幡宮（八幡市八幡高坊）にはエジソン記念碑があります。竹は英語でBanbooですが、竹とBanbooは別物です。日本列島と朝鮮半島と中国の北部に生えている竹と、南方のBanbooとは違いますが、どちらも生命力はずば抜けて優れています。竹が最も品質的にも群生的にも豊かな地域が鹿児島県で、竹のメッカです。竹林の面積が日本一で、古参竹、大名竹《でめだけ》、唐竹、淡竹、孟宗竹、真竹、女竹、龍竹、蓬莱竹など種類も豊富です。

本能寺の変(1582年)で織田信長が殺されましたが、その時の襲撃の特攻隊長が斉藤利三でした。彼の娘が斉藤お福、後の春日局です。本能寺の変の後、明智光秀は山崎の合戦で豊臣秀吉に敗れるわけです。当時、戦いの後で最も大切な儀式は梟首《きょうしゅ》（打ち首の後、刎《は》ねた首を見せしめとして晒しものにする公開処刑。晒し首）です。ところが、明智光秀の場合は見つかっていない。言い伝えでは、その土地の土民の竹槍に刺されたということにはなっているんですが、当時、京都には竹が生えていませんでした。竹槍は作れるわけがない。江戸時代になって島津公が竹を盆栽にして、参勤交代で江戸にまで運ぶ途中、京都にも盆栽を置いて地植えして初めて竹林となった。それまでは竹の文化はまだ日本にはなかった。だから、竹の発祥の地は鹿児島県なんです。

　竹は切っても切っても伸びますし、見ている前で10センチメートルも伸長する成長力は半端ではありません。その驚異的な生命力を支えているのが乳酸菌や光合成細菌などの土壌微生物です。

　現在、全国では放置竹林が問題になっていて、まだまだ有効活用がされていません。愛媛県今治市の長崎信行社長（長崎工業）は放置竹を上手く活用されて地域活性事業で大活躍されています。そこで開発された超微粒子の竹粉末のサプリメントでアトピーを始めとした身体の悪症状が治ったり改善した例がたくさんあります。私は２０１５年の3月、愛媛県松山市で、『だいじょうぶ！』（ナチュラルスピリット）の出版記念パーティーに招待されて参加したんですが、著者の一人、中野宗次郎さん（ヒーラー、源龍会代表）がその場で紹介してくれた方が長崎社長でした。この竹粉末は食用も可能で、千分の五十ミクロンという驚異的な超微粒子です。粉末の中は多孔質形状（ポーラス）の穴になっていて、そこに有害物質が吸着されて排泄されるので、腸内環境がきれいになっていきます。竹の粉末1グラム中にも乳酸菌が多い場合で10億個近くいます。竹と人間の染色体の数は同じ48本で、これを取り入れると腸が若返って元氣になる。

竹の有機堆肥は土壌微生物も大量に増やします。日本では放置竹林がどんどんと増えていますが、実は宝の山です。長崎社長のような方が各都道府県に一人いれば、放置竹林の問題は解消されて、一氣に日本列島の氣が活性します。ここにも大きなビジネスチャンスがあります。我こそはと思う方は、是非、チャレンジしてもらいたいです。人間、ちょっとした智慧さえあれば、誰でも自宅で竹の有効活用が可能です。

ここで一つ、飯山一郎流の秘伝をお教えしましょう。

春先の明け方、筍が出たら、地面から伸びている5センチメートルほどの芽を何度もハサミで切ります。

その切った芽を水に漬けて置くだけで、1年間は病氣にならない乳酸菌液ができます。

それほどのパワーが竹には秘められています。

数百種類ある竹の中でも、鹿児島の大名竹と小桟竹（虎山竹・五三竹）の二つには途轍もない生命力があります。大名竹は鹿児島県だけにしかなく、生の刺身で食べられます。切った大名竹を放り投げると、豚がすっ飛んで来て奪い合う光景が見れます。それほど、目には見えなくともすごいエネルギーが放出されているんでしょうね。小桟竹は鹿児島県と熊本県です。この2種類にこだわらずとも、人間が竹を間引いて食べたり飲んだりすることで、驚異的な竹のパワーを身体に吸収して健康になれるわけです。お金をかけずとも健康になる方法は、智慧を働かせばいくらでもあります。

竹炭は黒いダイヤモンド

私がツイッターもやる理由の一つは、時折、宝石のような情報が入るからです。

ある日、「宇宙人ぶー」という方から次の短文メールが届いたことがありました。

「飯山先生。竹炭を20トン準備してます。必要ありましたらご連絡下さいませ」

私にとって、こういう情報は本当にありがたいです。

さて、竹を炭にすると、放射性物質を吸収する最適素材に変身します。竹炭があれば、簡単に放射性物質を除去する浄水器がつくることができるのです。その作り方は次の通りです。

1．竹炭を布で包んでトンカチで叩いて、５ミリメートル以下の粒子にする。

2．竹炭の粉を、直径１００ミリメートルの塩ビ管（長さ１・５メートル）に詰める。

3．光合成細菌液か酵母液を2リットル位流しこむ。

2時間後に放射能水を注いで濾過すると、放射能が完璧にとれた浄水が出てきます。私はこれを放射性ラジウムで実験済みです。竹炭は放射性物質を吸着するだけでなく、光合成細菌と組み合わせると、セシウムをバリウムやキセノン（安定同位体）に原子転換させてしまう、触媒のような働きもします。

酵母液の作り方

天然の酵母液の作り方は、私の弟子の一人、きのこちゃん（巻末INFOMATION参照）の方法をオススメします。彼女が書いた『発酵マニアの天然工房』（三五館）は、この分野の本としては異例のベストセラーで、多分、10万部は確実に越えていまだに売れています。

今までの常識では、微生物関連の本は良く売れても数千部が関の山でした。彼女の本がそれだけ売れたということは異例で、それだけ真剣に放射能と向き合おうという人たちがいることになります。

きのこちゃん流、**大雑把天然酵母の作り方**

1．無農薬朝摘み野菜果物山菜雑草（鮮度の良い物。青臭いもの。青臭いほど発酵の促進

きのこさん（料理研究家、一級建築士、着物リメイク作家）。「彼女もブログを通して、世のため人のためにずいぶん貢献しているね。それで本も売れているんだね」
写真提供：きのこさん

剤となる酵素が多い）。泥だけはらい、洗わない。その理由は素材に付着している乳酸菌が洗い流されてもったいないからです。

2．500ミリリットルの水、純黒糖大さじのてんこ盛り1、天然塩小さじ二分の一。

3．素材と水の割合は1対5くらい。素材の味を楽しみたいなら多くて良い。

4．ビニール袋に水を入れ、重しをする。素材は空氣に直接触れないようにする。

5．これを、煮沸したビンに放り込み、紙の蓋をして暖かい暗い所に放置する。たまにかき混ぜ、空氣を送り込んで酵母を増殖させる。3日くらいでブクブクしてきたら、紙で濾して中身を取る。カスや油分で液体がにごるので決して絞らない。

一応、この時にpHを計りますが、3・5以下の強酸になっていれば、人間にとって良くない菌は食べられて消滅しているので、洗わなくても大丈夫です。

取り出した素材は、見てくれが悪くても腐っているわけではないので安心して下さい。

発酵しているガスでビンが割れないように、ガスが自然に抜けるように、蓋は軽く閉める。

たまに蓋を開けて新鮮な空氣を入れて振る。たまに水、純黒糖、塩を先の割合で足していくと、風味は薄れていくものの、天然酵母は増え続けます。

塩は生命の源

地球上の生命体はすべてが海から生まれています。ウイルスを除くすべての生命体には、細胞膜があります。その細胞膜を作る最も重要な原子が塩化ナトリウム(NaCL)です。まさに、塩とは生命であり、生命とは細胞の中の遺伝子やミトコンドリアです。細胞内のさまざまな器官や器質に酸素や水が入り、酸化した物質は外に出される。インプットとアウトプットが自動的に繰り返されながら増殖していく。これが生命の根本定義で、その根本が塩です。従って、塩は最も大切な元素です。

これを日本では、明治時代の後期から専売公社という組織が工業的に海水から塩を作り始めるようになります。その塩は純粋に、塩化ナトリウムが99・9パーセントの精製塩です。塩化ナトリウムだけを摂取していると、体内に塩化ナトリウムが蓄積します。海水というのは塩化ナトリウムが3パーセントあり、それ以外にも実はマグネシウム（Mg）とカリウム（K）が入っています。マグネシウムとカリウムがあれば、体内に蓄積された余分な塩化ナトリウムを外に出してくれるわけです。塩化ナトリウムだけ摂取しているから、体内に溜まったまま、脳溢血などの病氣の原因となるわけです。

ミスタープロ野球・長島茂雄さんは、スポーツ界では最も健康管理をされたアスリートだったのに、塩を控えるという不健康法をしてしまったんです。細胞膜が塩を要求しているにもかかわらず、その塩を摂取しないわけですから、細胞膜が弱って脳細胞が切れて、脳梗塞の心原性脳塞栓症になってしまった。その後も塩を摂取しないから治らない。人間の身体というのは、余分に溜まった物は外に出すように作られていて、余分な塩も外に出るようになっています。ただし、塩が外に出るためにはマグネシウムとカリウムが必要なのに、この二つを摂取しないから弊害が出てきてしまう。マグネシウムとカリウムを含有する天然塩なら問題ありません。やがて、塩が悪者にされて、塩は採るなという定説ができてしまい、その犠牲者の一人が長島さんです。天然塩を大量に採っていたら助かったはずですよ。

岩塩はヒマラヤの高い所でも採取されますが、塩化ナトリウムばかりが残ってしまって、にがり分のマグネシウムが少ないんです。私のサイト「ぽんぽこ笑店」で扱っている塩は、中国の西安のさらに西の奥地から採取しています。ここはユーラシア大陸が隆起した時、海も隆起して、古代の海が1・5キロメートル下に満々と残っていたわけです。その海の海水が乾燥した塩なので、古代の海そのままの塩と言えます。古代の海は塩分濃度が少ない。地球上に生命体が生まれた26億年ほど前の海の塩分濃度は1パーセントくらいで、今の海は3パーセントくらいです。人間の身体の塩分濃度は0・9パーセントで、これを保つための調整をするのがマグネシウムとカリウムです。そのカリウムにも、数パーセントながらカリウム40（K40）と言われる放射性カリウムが含まれていて水溶性です。

人間の身体に蓄積されているカリウムの濃度は、ベクレルで表すと5000ベクレルほどです。一部の無知な学者や医者たちは、これを曲解して、だから多少の放射線は安全だと主張しています。放射性カリウムの半減期は12億年くらいで、とんでもなく長い。だから、放射線はあまり放出しませんし、いくらベクレル数が高くてもほとんど放射線による障害が出ないんです。ところが、たとえば、今も吸っているセシウムは金属です。これがイオン化して全身で溶けていることと、金属とは、全く違います。それを誤解して、放射性物質は安全だと言う輩がいます。

日本の常識のほとんどは非常識

沖縄に「ぬちまーす」という塩があります。

昔、この塩の製造工場を見学したことがありました。蘭のビニールハウスで沖縄の海の水を霧にして空中に飛ばし、水分を蒸発させて作っていた。海水の成分が１００パーセント含まれているという宣伝文句が納得できる工場でした。この「ぬちまーす」の売り文句は、「食べれば食べるほど、高血圧が治る」。これは当時、医学の常識とは全く逆です。

医者は「高血圧になるから塩はいけない」と大声で主張してきました。世の中も医者の言うことを頭から信じて、「塩はいけない。減塩、無塩」と決めつけてきた。

「ぬちまーす」は、医学の常識とは無縁であり逆です。

さて、どちらが正しいのか?

最近は「ぬちまーす」が正しいと考える人が増えています。実際にたくさんの人が、「ぬちまーす」を食べて高血圧を治しています。

私の特技は乳酸菌を大量に培養することですが、秘訣の一つは塩をたくさん使うことです。大量の塩を乳酸菌に与えないと、乳酸菌は増えない。減塩運動は日本中で徹底されたものの、３５００万人の高血圧患者は一向に減りませんでした。減塩信仰だけに限らず、日本で常識とされている９割以上は、実は非常識であると思いますね。非常識なことの中にこそ真実があると言えます。大半の日本人は常識と信じて疑わないことによって、実は不幸になっている場合がとても多いことは知っておくべきです。

麻の本家本元・日本

私の故郷・栃木県は麻の最大の産地です。私の下着も麻のフンドシです。今は残念ながら日本古来の麻がほとんどなくなってしまい、あっても化成肥料で育てています。麻の文化が全く継承されていないのが現状です。日本古来の麻は死んでしまっています。麻の生命力は、竹と同等かそれ以上のポテンシャルがあり、陸の石油とも言われるように、その活用法が竹の比ではありません。竹と麻のそれぞれの長所を相互補完して上手く活用すれば、他に何も要らなくなるでしょう。世界中の麻の中で麻薬性が最も低いのが日本の麻だったのに、これが死に絶えてしまった。同時に、その麻と智慧を活用する文化も死んでしまったので、今後、麻の文化が復活することは、現状のままなら難しいでしょう。日本古来の麻の原種はすごいんですが、いくら麻の良さを語ろうとも、その麻がないんですから。

世界に目を向けると、大麻解禁へ向けての大きな動きがあることも事実で、地球全体としては望ましい傾向です。日本はもともとが麻の本家本元だっただけに、残念でなりません。マルコ・ポーロは日本を〝黄金の国ジパング〟と書きましたが、当時、至る所に生えていた麻が黄金色に輝いて見えたのかも知れません。

昔は普通に麻が生えていたのに、戦後、免許制になってしまいました。この理由は、戦争であれだけ欧米を苦しめた日本の強さの秘密の一つに麻があると、彼らは分析したんです。

そして、麻に馴染ませないようにと画策したに違いない。日本はいつでも外圧でしか変化できないから、今の世界の麻の潮流を上手く利用すれば、日本の麻の動きを変える可能性はあるかも知れません。

柳生の忍者が麻を植えて、その上を子どもに飛ばせて跳躍力を鍛えた話は有名ですが、実は夜中に麻の脇芽も食べさせたんです。跳躍力が発揮されるほどに、筋肉や神経の隅々までが活き活きとなるような成分が大量に含まれていた。でも、今はその麻もなければ、知識もない。麻を復活させようという人々の情熱は、痛いほどによくわかるんですがね。

以前、鳥取県から上野俊彦さん（八十八や代表取締役）が私に会いに来てくれました。たったの55日で大麻栽培免許を取得してしまって、マスコミでもよく取り上げられています。まだ若いけれど、彼からは本者が持つ人間力を感じました。あと、もうひと息で、なにかすごい物を掴んでしまうかも知れないです。会った頃の純粋さ、情熱、意欲などを今後も彼が継続して精進してくれたなら、これからの日本の麻の世界に、新しい旋風を巻き起こしてくれるのではなかろうかなと思いますね。

第5章　医学者

秋月辰一郎先生　被曝者を食事指導で救済

私が秋月辰一郎先生（元長崎聖フランシスコ病院院長）の存在を知ったのは、今から12年前、長崎のグラバー園にいた時でした。そこで掃除をしていたとてもインテリな方と世間話をしていたら、グラバーや蝶々夫人の裏話、表の歴史には書かれていない面白い話をしてくれたんです。その時に秋月先生の話が出て、初めて知りました。

秋月先生は長崎への原爆投下の被曝者を助けた、まさに〝恩人〟です。曝心地から1・8キロメートルしか離れていない浦上第一病院の医師だった秋月先生は、被曝すると即座に、塩辛くした玄米、わかめの味噌汁、梅干、そして砂糖厳禁の食生活を周囲の人々に指導をされました。その理由は、医師としてすでにレントゲン医学の知識とミネラル栄養論があったからです。結果的に、患者の中からも従業員の中からも一人も犠牲者が出ず、秋月先生も89歳まで生きられた。本当に細胞を復活させる塩と、免疫力を強化する発酵食品などで、大勢の人々が助かりました。

チェルノブイリ原発事故の１９８６年、秋月先生の『長崎原爆記』（日本図書センター）の英訳が西欧で広まり、ロシア語版も出回ったそうです。かなりの情報が流れていたようで、当時の病院の写真まで出たらしい。味噌の出荷量も爆発的に伸びて、それまで海外の味噌出荷量は約2トンそこそこだったのが、チェルノブイリと秋月先生のレポート以降は、年間14トンまで出荷量が増加した。２００５年には「NAGASAKI・1945 アンゼラスの鐘」というアニメ映画にもなっていましたけど、これは少し美化し過ぎかなとは感じましたけどね。

いずれにしても、秋月先生の残された功績は偉大です。彼は相当な智慧者であり国士と言えます。長崎に原爆が投下される前、病院も暇で患者もあまりいないからということで、病室に軍事物質として味噌や醤油や酒などを置かせていたらしい。終戦近くで敗戦色が濃くなりつつあったから、先入れ先だしをするもので、古くても菌がギトギトの物ばかりが残っていた。これが逆に幸いして、被曝の時に効力を発揮したわけです。秋月先生が生きていらっしゃったら、お会いしたかったですね。

千島喜久男先生　現代医学の常識を根底から覆す

千島喜久男先生（生物学者、医学博士）の残された功績も偉大です。現代医学の定説である骨髄造血説に異論を唱え、血液は小腸の絨毛で造られるという説を発表されました。ただ、当時の医学常識の定説を覆しかねない大発見だったので、不遇のまま亡くなられました。

千島学説は八つあり、その内の一つだけは少し飛躍し過ぎかなと感じはしたものの、全面的には正しいと思います。学会では否定されていても、千島学説を間違っているとハッキリと断言できる医者は誰もいません。

すべての体細胞は腸内で作られる白血球だというのが、千島学説の基本原理ですが、白血球か否かは私も疑問ではあるんです。白血球ではなくて、元白血球（白血球のプロトタイプ）があって、それが白血球や赤血球や他の体細胞に変身するのではないかなと思います。その場所が腸内のパイエル板という小さな器官です。断食には千島学説がとても説得力があります。

先生の著書、『千島喜久男選集』『血液と健康の智恵』（以上、地湧社）、『骨髄造血学説の再検討』（医学書院）などを読むと、――断食で小腸の宿便を取り、農薬や化学肥料を使わない旬の物を感謝して食べることで、きれいな血液を造れば治らない病氣はない。小腸がんは1パーセントと言われるように、小腸は神の管理下にある――というような主旨のことが書かれています。

その後も千島学説は発展を続けながら、今も多くの人たちの健康増進に役立てられています。

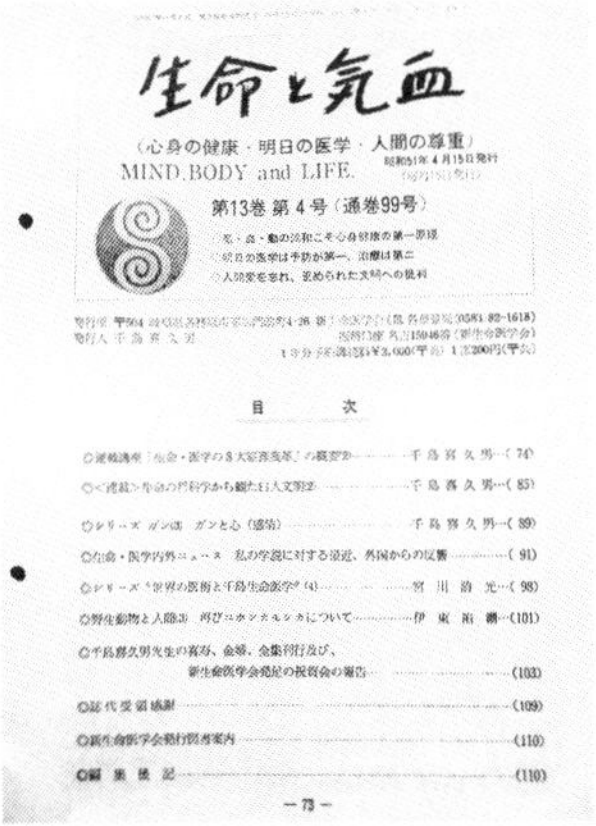

生命と気血

（心身の健康・明日の医学・人間の尊重）

MIND.BODY and LIFE.

昭和51年4月15日発行

第13巻 第4号（通巻99号）

目　次

◎千島喜久男先生の喜寿、金婚、全集刊行及び、新生命医学会発足の祝賀会の報告……(103)

◎誌代受領感謝……(109)

◎新生命医学会発行図書案内……(110)

◎編集後記……(110)

— 73 —

千島喜久男さんが発行していた機関誌「生命と気血」（新生命医学会発行）

後藤利夫先生　神の手を持つ男

千島学説を正しく伝えながら発展させている一人が、後藤利夫先生（新宿大腸クリニック院長）です。日本よりも、むしろ世界的に著名なドクターです。4万件以上もの大腸内視鏡検査・手術の無事故記録を更新中で、まさに〝神の手を持つ医師〟です。

その後藤先生が志布志を2回も訪問され、私と数時間も面談して下さったことがありました。その時に頂戴した本が、『あなたの知らない乳酸菌力』（小学館）でした。一読して驚き、二読して胸が高鳴り、熟読して脳が希望で満たされましたね。「これで日本人は助かる！」という熱い想いが込み上げてきたんです。

この本には、乳酸菌が小腸に達するとNK細胞やマクロファージを大量に増殖させるという仕組みが、懇切丁寧に明快に、データをキチンと踏まえて実にわかりやすく説明されているからです。読んでいる内に、

「乳酸菌で私たちは助かる！　生き延びられる！」という希望と自信が沸沸と湧き上がってきます。この本は日本人にとっては、希望の書です。必ず読んで下さい！　ね、皆の衆！

後藤先生の活躍は、現場の医者が千島学説を現場でしっかりと応用している証明ですね。残念ながら、権威主義的な学説が跋扈している学会では、千島学説をいくら語ったところで無意味ですから、草の根で口伝えで伝えていくことです。

乳酸菌にしても口伝えでどんどんと伝え続けていくんです。静かに着実に浸透してしまうと、否定することも潰すことも無理です。ちなみに、今も頑と信じて乳酸菌培養を続けている人たちは、すでに国内だけでも１００万人はいると思われます。

第6章　乳酸菌と農業

乳酸菌大量培養器　グルンバ・エンジン

私が発明したグルンバ・エンジンは、漢字では「古龍宝」、グロンバォと発音します。「古代の中国（龍の国）で発明された宝物」という意味があり、古代中国人に感謝しつつ、現代中国人をおだてるネーミングです。

ミミズは、中国では龍の子供と信じる人が多い。私の乳酸菌を農地に散布するとミミズが増えてくるので、〝乳酸菌は龍の母乳〟とうそぶくと、中国人は喝采してくれます（笑）。

私の乳酸菌培養技術は、ローテクで手作業が多く、大した技術ではありません。

長所は乳酸菌や光合成細菌が何千トンでも何万トンでも大量に培養できることです。

しかも、短時間ででき何日もかからず、ランニング・コストがとても安い。市販の乳酸菌の千分の一の値段で培養できます。イニシャル・コストも非常に安い。1日10トンの製造能力のプラントなら、数百万円でできます。私は、もうこの年になるとそんなにお金への欲もないので、グルンバ・エンジンを購入して下さった北海道・稚内の大手食品会社の会長さんからは、「安過ぎる。飯山さんは商売が下手だ。私は数千万でも払おうと思っていた」と言われたことがありました。でも、いざ支払いの時は、端の数万円を値切ってきましたがね（笑）。

グルンバ・エンジンについての問い合わせ

日本グルンバ総合研究所 飯山一郎 ☎090-3244-5829までご連絡下さい。

放射能汚染された土壌を浄化する

種菌とグルンバ・エンジンがあれば、１０００リットルでも５０００リットルでも発酵菌はどんどん増殖します。だから、放射能で汚染された農地にいくらでも散布できます。散布量は、１反歩＝３００坪＝１０００平方メートルあたりで５００リットルが目安です。グルンバ発酵菌を散布したら、２〜３日そのままにしておく。この間に、発酵菌は放射能をどんどんと吸収します。放射能をたくさん吸収しながら、農地の土壌の中でどんどん増殖します。２〜３日後、そこにヒマワリの種を蒔きます。ヒマワリは、危険性がなくなるまで30年以上もかかる土壌の放射性物質を、わずか20日で95パーセント以上も除去してしまいます。

さらに、放射能除去のすごい方法があります。それは、ヒマワリが発芽したらある植物を植えるんです。この植物は、根で増え、茎で増え、葉で増え、種子で増えます。だから、ど

北野阪急ビル厨房排水処理設備改修で使われているグルンバ・エンジン（右写真）とクラスタグルンバ（左写真）。写真提供：著者

んどん放射能を吸収しながら増えてゆきます。この植物は、チェルノブイリでもどんどん繁茂しています。その結果、リスやネズミやモグラなど小動物が増え始めることで生態系が復活しています。この植物とは、蓬《よもぎ》です（チェルノブイリはロシアで蓬を指すという説もある）。

私のグルンバの開発や光合成細菌の研究には、多くの医師や研究者の方々の協力がありました。今でも感謝いっぱいです。

元上海鉄道大学の楊賢智教授は、グルンバ内部の流体力学を完璧に解析してくれました。この研究で、グルンバは前人未到の「汚泥細胞膜の大量破壊」という成功を収めます。光合成細菌や乳酸菌に、何度も何度もレントゲン線を照射してくれた医師や、がん治療用のコバルト線を最強レベルで光合成細菌に照射してくれた医師。いずれも、光合成細菌の放射線耐性は驚異的で効果的でもあることが確認できました。

理想的な循環型農業を可能にする

本書巻頭の大扉に掲載したグルンバ・エンジンの写真は、焼酎メーカーの太久保酒造さんのものです。

この装置は、中古のタンクローリー車のタンクを再利用しています。ここに焼酎カスを入れ、グルンバを稼働させると、焼酎カスが超微粒子になります。次に、タンク内に乳酸菌液を500リットル（5パーセント）入れて撹拌。3時間後、焼酎カスは完璧に乳酸発酵し、有機液体肥料に変わってしまいます。以上の工程は、余剰汚泥、食品加工残渣、生ゴミ、豚ふん尿でも、結果は同じです。この肥料で育った農作物は、とても美味しく、しかもたくさん収穫できます。

余剰汚泥処理の場合、中古のタンクローリーではなく、汚泥貯留槽を利用します。汚泥貯留槽に最終沈殿槽から余剰汚泥を圧送して、大型グルンバを稼働して（4時間～8時間）、汚泥細胞を超微粒子化し、その後、乳酸菌液を投入します。4～5時間後、pHが4以下になったら、その発酵余剰汚泥液を曝氣槽《ばっきそう》に投入します。曝氣槽内の好氣性微生物が、超微粒子化した余剰汚泥をすべて捕食してしまいます。以上の工程だけで、余剰汚泥の汚泥ケーキ化処

古来からの醸造技術を今も伝え続けている「華奴」の製造元・太久保酒造の甕仕込みの現場で、中山社長（写真左）と。

理は不要になってしまう。たったこれだけで、年間に何千万円～何億円もの汚泥処理費が節約できる会社は、国内にもかなりあるはずです。

太久保酒造の中山信一社長も「わずか半日で産業廃棄物の10トン近い焼酎カスが有益な肥料に変身します。その肥料でふたたび芋が畑で採れて焼酎の原料になるという、理想的な循環型農業が可能になりました。悪臭は解消され、それを散布した畑で育った芋の生育がもっと良くなるという、嬉しいオマケもありました」と語ってくれました。

グルンバ・エンジンを活用すれば、大きなビジネスが十分に可能です。ちなみに、グルンバ・エンジンのカタログやデータは出していませんし、詳しい説明も一切しません。

悪臭を消す。汚水を浄化する。生ゴミや汚泥を堆肥化する。儲かる養豚や養鶏や畜産（乳牛）をやりたい。

安心安全の農業で儲けたいなど、こういうお客様のさまざまな要望に結果を出し、結果が出たらお金をもらう。こういった形態の商売、ソリューション・ビジネスをやっているからです。結果が出れば良いのであって、カタログやデータは、むしろ邪魔になります。

乳酸菌農業　うまい！儲かる！無農薬！

グルンバ・エンジンで、焼酎カスや生ゴミなどを数時間で処理すると、生きた乳酸菌が１cc当たりで数億個も棲息する液体肥料ができます。農地に散布すると、土壌病原菌が死滅・全滅してしまい、さらに乳酸菌の〝ＳＴＡＰ〟効果（１６７ページ参照）で農作物の収量が５割ほどアップします。病害虫に強い作物になるので、農薬散布は不要になります。農薬も化成肥料も不要なので、儲かる農業が可能になるというわけです。

鹿児島県志布志市の甘藷芋農家、津曲青果。ここの耕作面積は17町歩（5万１０００坪）です。グルンバ・エンジンを導入して、無農薬・完全有機の安心安全な農業を目指す一大決心をされました。焼酎カスは、農作物が必要とするすべての栄養分とミネラルを含み、乳酸発酵させると農薬の代わりにもなります。コストも非常に安いので、肥料代や農薬代が80パーセント以上も節約できます。そして、収量も20パーセント近くアップします。今までは肥料代と農薬代で１０００万円近くも払っていたから、機械と相殺しても十分におつりが来るの

グルンバ・エンジンを導入して成功している、イモ農家、津曲青果。写真提供：津曲青果

で、社長は満面の笑みを浮かべていました。

乳酸菌は慣行農業を救う切り札

乳酸菌は、従来の慣行農業を救うとてつもなく大きな可能性も秘めています。

たとえば、連作障害。ある日、突然、農作物が腐って、収穫不能になってしまう。日本農業最大の悩みです。連作を止めても作物ができないという深刻な例も増えています。生活がかかっているので農家も真剣です。猛毒ガス（クロロピクリン）で土壌消毒したり、土壌の大量入れ替えで、挙句の果てには畑地を移動したりする。しかし、何をやっても駄目。どうしようもない。もう畑地を放棄するしかないのか？　しかし、諦めるのはまだ早い。絶好の解決法があります。

そもそも、連作障害の原因は三つあります。

①土壌腐敗②病原菌（フザリウム）③ミネラル不足

これらを解決すれば連作障害はストップします。ここで乳酸菌の登場です。乳酸菌を散布すると、病原菌のフザリウムを食い尽くしてしまいます。やがて、腐敗が発酵に変わります。重症の場合は、アラゴナイトという大量のミネラルも散布します。すると、連作障害はストップします。

私のモットーの一つはね、実践なんです。自分の理屈は常に実践で証明してきました。過去に、鹿児島では、紫紋羽《むらさきもんぱ》病の深刻な連作障害をストップさせましたし、四国では、ケールの連作障害が治りました。治らないとされて来た、無花果《いちじく》の連作障害も止めました。これもひとえに、乳酸菌様のお陰であり、私は単に乳酸菌様のお手伝いをさせていただいているだけです。

種が何千年も生きる理由

昨今の農作物は日持ちが悪くて、すぐに腐ってしまいます。ところが、乳酸菌を散布した農地で育った農作物は、日持ちが良く、何ヶ月も腐らない。この理由は、乳酸菌が腐敗菌を駆除してしまうからです。

種は、何千年経っても発芽します。これが植物の特性であり、生命保存の法則です。

種が何千年も生きているのは、腐敗しないからです。腐敗しない理由は、これも種に付着した乳酸菌が腐敗菌を駆除するからです。理屈は簡単です。腐敗を防ぐ発酵菌（乳酸菌）の存在のお陰だからです。農地の土壌中に腐敗菌が多ければ、農作物は腐敗します。発酵菌（乳酸菌）

が多いと、農作物は見事に大きく生育し、腐らない。収穫量も激増します。わざわざ「○○○○農法」などに高い授業料を払う必要はありません。乳酸菌を農地に散布する。これだけで農業は成功するからです。

青森産ホワイト六片種にも負けないジャンボニンニク

地元の志布志で乳酸菌農業をして、成功している例は他にもたくさんあります。

たとえば、ジャンボニンニク。大きくて甘辛くて、ミネラルたっぷりのニンニク。乳酸菌農業の精華（成果・青果）とも言えます。実は、ニンニクとは別種のポロネギという野菜種です。大きいこと以外、外見はニンニクとまったく同じなのに、ニンニクより香りがマイルドなのでスープや餃子の具にすれば、朝食でも食べれます。味噌をつけて生で食べると最高です。ニンニク臭も残りません。ポロネギとはいえ、こんなに大きく育ったのは、乳酸菌農業のお陰です。良く発酵した豚ふん尿を畑に散布して、球根を植えただけで、こんなにも大きく、美味しく収穫できます。しかも、このジャンボニンニクには、アリシンという本物のニンニクに含まれる抗菌作用、動脈硬化抑制作用のある成分ができていたんです。

本物のニンニクを乳酸菌で栽培すると、アリシン濃度が青森県福地産のホワイト六片種に負けないほど高くなります。

ニンニクは、今後、高齢化社会と放射能社会の中で需要が激増していくでしょう。さらに、乳酸菌を使ったニンニク栽培農業は、高収穫で高収益です。乳酸菌を散布するだけの栽培方法は、難しくなく失敗が少ない。素人でも挑戦してみる価値は十分にあります。

政界No.1の乳酸菌ファーマー　丸山一市会議員

志布志市会議員の丸山一さんは、今や乳酸菌農業のプロです。8年前、素人だった丸山さんは乳酸菌農業を始められて、ネギ、米、延命草、芋など、どんな作物を作ってもやることなすこと、どれもこれもが大成功、大豊作、高収益です。丸山さんの農業技術は、月刊「現代農業」（平成22年3月号）にも掲載されたほどです。

ある時、丸山さんはサツマイモを作ったことがあって、その畑は芋の病氣が発生するので収穫できないだろうと言われていました。収穫できても、せいぜい1反当たり1トンだろうと言われていた。ところが、4トン強も収穫してしまったんです。しかも、完全無農薬で化成肥料もゼロです。丸山さんの農業技術は凄いと皆が驚きました。丸山さんの農業技術は非常にシンプルです。彼は芋の苗を植えつける前に、完全に発酵した豚ふん尿を1反当たりで6トンを散布して軽く耕しただけです。これだけで、病氣ゼロでミネラルたっぷりの甘さ抜群という芋が、今までの4倍以上も収穫できてしまったんです。

乳酸菌でサツマイモを大収穫した丸山一さん（左から1人目）と筆者（同2人目）。写真提供：丸山さん

乳酸菌パワーでこんなに大きく育つ！味も風味も最高！

耐寒性の付いた無農薬イチゴ

鹿児島県出水市の福山農園は、ドラム缶を何本も使って乳酸菌の大量培養をやっています。個人農家にはグルンバ・エンジンなどは不要です。なぜなら、知恵と工夫を総動員すれば、乳酸菌・光合成細菌・酵母・放線菌・酢酸菌など複合発酵菌群は簡単に培養できてしまうからです。福山農園では、蓬乳酸菌液の大量散布で無農薬を実現し、さらにハウスの暖房を止めたにもかかわらず、逆にイチゴに耐寒性がついたものだから、社長は大喜びです。この無農薬イチゴに高い値段がついて、首都圏にも出荷しています。乳酸菌効果で腐敗せず日持ちがするので長距離輸送が可能になったわけです。乳酸菌の大量散布で農業形態（化成肥料&農薬農業）を一変させてしまった福山いちご園の社長は、余力がついたので、最近はグルンバ乳酸菌農業の普及のためにインドネシアに頻繁に出張されています。

乳酸菌農業で大躍進する和香園

乳酸菌農業の数多い成功例の中で、極めつけは、何と言ってもこの会社です。

そうです！　和香園という志布志市の農業法人です。放射能ゼロの粉末茶「あらびき茶」で大ブレイクしているので、ご存知の方も多いでしょう。

ここは乳酸菌の農業利用が日本一です。1社で150町歩（45万坪）近い茶畑をもち、500町歩（150万坪）をこえる茶畑を管理しています（東京ドームが約1・4万坪）。これだけの規模になると、大量の化成肥料を投入し、農薬も大量に散布するのが普通なのに、驚くなかれ無農薬の上に、化成肥料も使っていません。和香園の堆肥工場の一角にグルンバ・エンジンがあるので、私は化学肥料が置いてあるかどうかをよく観察するんですが、どこにもないから、驚きです。和香園が茶畑に投入するのは、堆肥と乳酸菌だけです。一般的に、お茶の農家は1反歩当たりで、6〜8万円の化学肥料と農薬を使います。ところが和香園は、この肥料代と農薬代がゼロ。つまり、億単位の経費が節約できているということです。

和香園は、有機肥料の原料に焼酎カスを使います。焼酎カスを引き取ってくれるので、焼酎会社は和香園に代金を払ってくれます。さらに新工場の建設費用は地元の地域振興助補助金で助成され、乳酸菌茶葉は高く売れる。あっちからも、こっちからもお金をもらう農業。これを「両手乞食農業」と言います（笑）。

(右上)乳酸菌農業は農作物に付加価値をもたらしてくれる。写真提供：福山農園

(右下)乳酸菌農業で日本茶の市場に大革命を起した、和香園。写真提供：同園

(左上)乳酸菌が豚の糞尿や生ゴミの溜め池に投入され、腐敗が発酵に変わる！
youtube.com/watch?v=odazuxQs4a 参照

乳酸菌養豚業

乳酸菌は養豚業にも革命を起こしています。ここで一つ、ユニークな養豚方法をご紹介しましょう。

その名も「水中養豚」。

豚たちが泳ぐ池は、生ゴミの池です。大量の生ゴミだけでなく、豚の糞尿もたくさん入っています。もし、この生ゴミと糞尿の池が腐敗したら、とんでもない悪臭地獄です。しかし、この池は無臭なんです。なぜなら、大量の乳酸菌が投入されたので池の水が発酵しているからです。この生ゴミと糞尿の池の中で、豚たちはイキイキと泳いでいます。豚は水泳が好きなんですね。池の中で生ゴミはどんどん発酵し、豚の糞尿も発酵していきます。発酵した糞は、もはや糞ではなくなります。豚が間違って食べてしまうこともある。この池の水は、やがて液体肥料になります。そして、近所の農家が喜んで使ってくれます。普通、池の水は撹拌しないと死角部分が腐ります。でも、撹拌は豚たちが泳ぎながらやってくれるので、撹拌機も不要です。豚は電力が要らない撹拌機だからです。

以上が「水中養豚」です。どうですか？　こういった常識外れで突飛な発想であっても、楽しいじゃないですか（笑）。豚舎に乳酸菌を散布すると、病原菌や病原性ウイルスが死滅するので、豚が死ななくなります。だから、母豚は子豚をたくさん生みます。たくさん生まれた子豚たちが、乳酸菌で育った天然の飼料を食べると、その豚の肉はものすごくうまい！。今、汚染肉を混ぜて希釈した肉が一部には流通しています。このように乳酸菌で養豚した肉を直売するスーパーやネットショップが、最近、繁盛しているのは、目の肥えた消費者が増えているからなのでしょう。とても良い傾向だと思いますね。

ここで一つ、乳酸菌養豚が儲かる例を紹介しましょう。

仮に、仔豚を生む母豚が１５０頭いるとします。この場合、普通は、飼育総数が１５００頭になる。乳酸菌液を１５００頭の豚に、毎日１〜２トンかけ続けると豚が健康になり、病氣にかからず、死ななくなり、出産数が増えてきて、やがて、飼育総数が２２００頭から２３００頭になります。つまり、７００〜８００頭もの豚が増えてくる。さらに、飼育期間も短くなり、年に２・５回ほど出荷できるようになります。増えた８００頭の豚を年に２・５回、２万８０００円で売る場合、８００頭×２・５回×２万８０００円＝５６００万円。これだけの余分な売上げが儲けになります。その他、餌代が減り、斃死豚の処理代が浮き、肉の等級も上がる。このように、儲かる乳酸菌養豚が、今、増えています。「うちは儲からない」なんて、ブーブー言っていないで(笑)、是非、乳酸菌を活用してみてはいかがですか？ ね、皆の衆！

「ドリアン大将」（巻末INFOMATION参照）のサイトでは乳酸菌豚肉を販売しています。ここの店主の女性は、3・11の後で関東から鹿児島に避難して来たものの収入がなかったんです。彼女は苦手なパソコンを必死で独習して、今ではネット販売で大成功を収めています。この他にも**「ぽんぽこ笑店」**の姉妹店が幾つもありますが、仕入れは徹底的に厳しくチェックします。

なお、巻末には姉妹店を紹介してありますが、生産者の皆さんは誰もが魂を込めて真剣に商品作りをされています。是非、そちらもご利用してみて下さい。ね、皆の衆！

パンデミックとインフルエンザ

昔、豚インフルエンザが蔓延したことがありました。ウイルスが、過去に例のないような執拗さで人間を襲いました。もし、インフルエンザ・パンデミック（世界的な感染）というような事態になったら、タミフルやリレンザには期待しないほうがいいし副作用も恐い。ワクチンも効かないと覚悟すべきです。遺伝子の突然変異が早いので、ワクチンの効能が追いつかない。

パンデミック状態下では、医療システム（薬品、検査、治療、消毒）は無力になるし、あわてて病院に行くと、逆に感染の可能性が高まります。

この対策は免疫力を高めること。なぜなら、ウイルスは免疫力が低い身体を襲うからです。免疫力とは、白血球（リンパ球、顆粒球、マクロファージ）の元氣度で決まります。

白血球を元氣にするためには、
1．ストレスを減らす。心配しないで明るい生活を送る。
2．身体を冷やさない。特に首周りは春でもマフラーで温めると良い。
3．発酵菌が免疫力を高めるので、大いに摂取する。

発酵菌類には乳酸菌、酵母、納豆菌、酢酸菌、麹菌などたくさんの種類があります。古来、人類は発酵食品（ピクルス、ザーサイ、ヌカ漬、味噌、醤油、ワイン、酢、ヨーグルト、キムチ、梅干、納豆、ドブロク、チーズ、鰹節、ひしお等々）を摂取してきて、これは免疫力を高めて病氣に強い身体をつくるためです。これは先人が残してくれた食生活の智慧です。

薬に頼らずともインフルエンザ・ウイルスを抑制する物質には、次の物があります。
①茶葉　②センダン（樹木）の葉、枝、樹皮　③コーヒー　④ブルーベリーなど。

ポリフェノールを多く含む植物には、強力な抗ウイルス作用があります。これは覚えておくと何かと便利です。また、生活の中で実行できる抑制方法は次の通りです。

1．お茶でうがいをする。顔を洗う。残りの茶葉は風呂に入れて入浴。これでウイルスは不活性化し、病原性と感染力を失います。

2．センダンの葉、枝、樹皮を煎じて煮出し汁を作り、散布、入浴、塗布する。これはウイルスを完璧抑制できる秘法です。

3．茶葉乳酸菌はとても強力で、ミカンの皮を入れると迅速に溶かしてしまいます。これを漢方では陳皮液と言います。この中では漬物もできます。乳酸菌のウイルス捕食、呑食能力と、茶葉の抗ウイルス作用が合体すると、豚のウイルス性肺炎も治してしまいます。

私は、大隅半島や済州島で大規模豚舎に乳酸菌と酢酸菌の大量噴霧・大量散布を行ったところ、豚のウイルス性肺炎の蔓延が見事に抑制されて豚が健康になり、おまけに作業していた人間の風邪症状(発熱や咳)も消えました。乳酸菌の抗ウイルス作用は、公理(エビデンス)にもなっています。

飯山式農法の真髄は、乳酸菌と塩にあり！

最近は「農業の時代」が来ているような氣がしています。

一つは、農業がビジネスとして成り立つ時代になったということ。

二つは、「農業でもやって食いつなぐか……」という国家社会の貧困化の流れ。

いずれにしても、農業に関係や関心のない人も、農業のことを知っておくべき時代に、今の日本はなっています。

ところで、化成肥料や農薬を使わない無農薬有機農業というのは、実は非常に難しい。さまざまな農法が提唱されてきたものの、一朝一夕で身につくものではありません。ここで、一つ、とっておきの農法をお教えしましょう。素直な氣持ちで実践してくれれば、驚くほどに豊かな収穫が実現できます。

私の農法は、真にシンプルであり、誰でも農業のプロになれる方法です。その農業の真髄、農法の真理は、大量の乳酸菌と塩を農地に投入し、浅く耕す。たったのこれだけです。乳酸菌の大量培養は、１万円くらいで買える５００リットルのポリタンクにクズ玄米10キログラム、糖蜜２パーセント、粗塩１パーセントを入れて毎日撹拌すれば、３～４日で乳酸菌液ができます。５００リットルのポリタンクは、農地の規模に合わせて増やせばいいです。

pHが３・５くらいになって乳酸菌液ができたら、塩を撒いておいた上に、たっぷりと乳酸菌原液を散布します。あとは、種を蒔くなり、苗を植える。これだけで、豊かな収穫が期待できる。乳酸菌と塩だけの飯山式農法は、既存の農業者の方々にも是非とも試してみていただきたいです。農業の最大の難問、連作障害も、塩でミネラル分を補い、乳酸菌でフザリウムを殺せば、完璧に解消してしまいます。

でも、農協は農薬が売れなくなるので大反対するでしょうがね。

農は国の基なり

「農は国の基なり」という言葉があります。

これはまさしくその通りで、農を国の基本におかない国は滅びるか、他国の食料に依存する従属国家になります。ＴＰＰは、従属国家になりますという、愚者の宣言に等しい。

日本は、明治以降、富国強兵・殖産興業のため、農民から過酷に地租、税金を取り立て、近代化を進めてきました。また、日本の近代化は、農村から都市へと労働力を吸い上げる方策だったので、農村は労働力を失い、農村の大家族は崩壊してしまいました。さらに、１９２０年代末の世界経済恐慌と農村恐慌で、日本の農村は完全に崩壊してしまいました。

農村（ムラ）の崩壊で、ムラの秩序原理は都市において再現され、日本全体がムラの秩序原理で動くようになり、大学祭はムラの収穫祭と同じで、一流企業も中央官庁もヤクザも軍隊も、親分子分のムラの秩序原理（大家族主義）で成り立ち、国会議員も派閥をムラと言う。そうして、日本全体が一つのムラになり、この巨大なムラが全員一致主義というムラの決め方により、一丸となって戦争に突入していった――政治学者の神島二郎氏が『近代日本の精神構造』（岩波書店）で説いたことです。

日本は農村が崩壊し、農そのものが崩壊してしまっています。しかも、広大な穀倉地帯が放射能で汚染されてしまっています。農どころか、食そのものがない。安全な食品がないという致命的な段階にまで達しています。幸い、南九州では、安心・安全な水や食料がたくさんあります。

乳酸菌農業で世界を変える！

商売やビジネスは、一般的には物を製造して販売したり、サービスを売ったりしています。シンクタンクやソリューションビジネス（問題解決業）は、知恵を売る商売です。

私のメインのビジネスは、ある地域をまるごと変える仕事で、ソリューションビジネスです。化成肥料を投入し過ぎてカチカチになった、洪水がおきやすい北朝鮮の農業地帯に、韓国から大量の豚ふん尿を陸路搬送し、それを乳酸発酵させて北朝鮮の農地をふかふかの発酵土壌に変える。この仕事のアイデアと技術は、韓国の同志に伝え終わりました。中国の砂漠地帯に大量の汚泥、屎尿、食品残渣を運び、砂漠の砂と混ぜて有機土壌を作り、砂漠を農地に変えるアイデアと技術も、中国の同志には伝えてあり、すでに実行段階に入っています。

今、私が地域をまるごと変えようと頑張っているのは、鹿児島の大隅半島（その南端が志布志）です。この地域はすでに食料自給率が６００パーセント以上もあります。これは食料が有り余っているということです。乳酸菌による土壌改良で半島自体をまるごと発酵半島にして、自給率を倍の１２００パーセントにしたいと考えています。そうすれば、安全な食料を東日本に送ることができます。南九州志布志発の乳酸菌農業は、今後、日本とアジアの農業の手本になると思います。そしていつの日にか、世界中にこの乳酸菌農業を広めて、地球全体の土壌を肥沃で元氣にしてみたい。これは、私の一つの夢なんです。

第７章　ミツバチ

養蜂で生態系を復活させたい

私は毎日、可愛くて可愛くて仕方のないニホンミツバチに囲まれて生活しているので、最高に幸せです。私が養蜂を始めた動機の一つが、生態系の復活です。

そう思ったキッカケは次の名言でした。

If the bee disappears from the surface of the earth, man would have no more than four years to live. No more bees, no more pollination, no more plants, no more man.

（もし、ミツバチがこの地球上から消え去ったならば、人間社会は４年後には崩壊してしまうであろう。ミツバチがいなくなる。すると受粉ができなくなる。そして、植物が死に、すべての動物が死に絶えて行く。人間も消え行く運命をたどる）

一般的にはアインシュタイン博士の言葉とされていても、真偽は定かではありません。どちらにしても、ミツバチが生態系に多大な影響を与えていることには間違いありません。

森の樹木の花の受粉を促進するのがニホンミツバチで、自然環境や生態系が活性化して、森が元氣になります。

「ツツジの花は蜜壺が深いので、小さなニホンミツバチは蜜が吸えない。彼らは、山々の樹々に咲く花の蜜を吸う……」と教えてくれたのは、養蜂の私の師匠、志布志市議の丸山一さんです。

私はニホンミツバチを飼い始めてから、森の中を歩くのが習慣になりました。志布志市の森は、杉や檜の人工林の死んだ森ではなく、古来からの常緑照葉樹が圧倒的に多い。ニホンミツバチは森や林の樹々に対して、「受粉を助けるから花芽をつけなさい」というメッセージを送ります。すると、森の樹々たちはその要請に応えて新芽をふくらませる。その新芽を乳酸菌がさらに活性化する。

ニホンミツバチと乳酸菌の連携による森林の活性化。このユニークな構想の養蜂業が、今、志布志で軌道に乗ろうとしています。

乳酸菌でハチの病氣を治す

ニホンミツバチ養蜂の最大の難問は、彼らの病氣です。

ところが、乳酸菌液をタップリと巣箱に噴霧することで病氣が治ることを、南九州の養蜂家（私の師匠たち）が発見しました。これは、世界中の養蜂家にとっても、自然環境・生態系にとっても、大朗報です。

今、世界中でミツバチが減少していることは深刻な社会問題です。

ミツバチの大量死は農薬散布が原因です。農薬散布の影響がない志布志の山奥にはニホンミツバチが元氣に棲息しているからです。ニホンミツバチを増やす工夫と運動は、日本の生態系の改善と復活のためにも何としても必要です。ミツバチたちがいないことには、野原の草花や山の樹々、農作物の受粉ができない。今までは、このミツバチの減少に対する対策はないというのが現状でした。特にサックブルード病（ニホンミツバチの蜂児捨てによる消滅）は大問題でありながら、原因の究明も対策も全く進まず、多くのプロたちがニホンミツバチの養蜂を断念し、養蜂業をやめたのもここに理由があります。

乳酸菌養蜂は〝STAP〟養蜂だ！

乳酸菌を使った養蜂は、今までになかった全く新しい養蜂です。ニホンミツバチが病氣にならない上に、ものすごく繁殖する。乳酸菌の威力には、とにかく驚愕の連続です。とにかく、ミツバチが増える！　一箱の巣箱にいた西洋ミツバチが、農薬にやられて生息数が三分の一まで激減してしまったことがありました。ところが、乳酸菌を散布したら農薬の後遺症が完治し、その後は増え続ける一方です。一番最初にニホンミツバチが入巣した巣箱でも続々と増えるので、10日間で3回も分蜂しました。やり方は簡単です。噴霧器のノズルを巣箱の中に入れて、乳酸菌液をたっぷり噴霧するだけ。pHが3・5の強酸を浴びせても、不思議なほどにおとなしい。

ところで、なぜ、そんなに増えるのか？

簡単に言うと、乳酸菌とは〝ＳＴＡＰ〟細胞だからです。

私が培養する乳酸菌は、爆発的に伸びる植物の成長点から採取した発酵菌群です。筍、芋のツル、葛の芽、蓬の発芽点など、植物の成長点では乳酸菌などの発酵菌群が爆発的な成長エネルギーを植物細胞に提供します。筍が一晩に30センチメートルも伸びる成長力は、成長点に棲息する微生物によって供給される成長ホルモンの万能細胞が激増する作用によります。その生命エネルギーを噴霧された女王蜂は、自噴する泉のようにタマゴを生む。そのタマゴは瞬く間に幼虫になり、サナギになり、赤ちゃんバチになり空中を舞い飛ぶようになる。この生命の爆発力！　生命を元氣にする活性エネルギーと、生体細胞の驚異的な増殖ぶりは、すべて乳酸菌のなせる技です。乳酸菌のすさまじい生命力は、実は、米とぎ汁乳酸菌の中にも溢れています。ブログの読者から「米とぎ汁乳酸菌のペットボトルが爆発しました！」という報告がたくさん来ますが、それはまさに生きている乳酸菌の、生命の爆発力です。従って、この生きたパワーを摂取する人が元氣で健康で病氣とは無縁になるのは当然なんです！

蜂蜜は免疫力を強化する

ミツバチは人が住む里山を飛び回って花粉や蜜を集め、ついでに植物に付着している乳酸菌や酵母類、さらに人間界の病原菌や病原性ウイルスまで運んで来ます。その病原菌や病原性ウイルスは、乳酸菌の酸で死滅したり、乳酸菌に食われてしまう。だから、巣箱の中で生成される蜂蜜には、病原菌の痕跡がある。つまり、蜂蜜はミツバチがつくった天然のワクチンとも言えます。その効果で、ニホンミツバチの蜂蜜を摂取していると免疫力がアップして、風邪をひかず病氣にも強い健康な体質になり、花粉症も治ってしまう。花粉を大量に運ぶミツバチが、花粉による過剰反応を軽くする成分を蜂蜜のなかに生成しているのかも知れない。

ニホンミツバチは、街中にある花壇などの草花よりも、清浄な森の樹木に咲く花の蜜を吸います。ネコノチチのように、森には人知れず蜜を出してくれる樹木が少なくない。

森の樹々に咲く花は清浄で、目につかないほど小さくて蜜の量も少ない。だから、ニホンミツバチの蜂蜜は貴重です。白砂糖を水に溶いて餌として与えて蜜を作らせる西洋ミツバチの蜂蜜とは比較にならない。その希少性や神與の効能を知る人はお金に糸目をつけないので、「ぽ

庭にミツバチ誘因剤と巣箱を置いて養蜂中。

スズメバチもピンセットで簡単に捕獲。

んぽこ笑店」の蜂蜜が売れまくっているのは当然なんです。

必見！ 映画「みつばちの大地」

この映画はミツバチ愛好家や養蜂家でなくても必見です。私は動画で何回も繰り返し視聴しましたけど、感動の連続でした。ヨーロッパの名だたる最優秀ドキュメンタリー賞を5つも受賞していて、ＤＶＤも発売されています。

ここ15年ほどの間に、ミツバチが大量に死んだり、失踪したりする現象が世界中で起きていて、日本もその例外ではありません。国や地域により異なるものの、在来種全体の50パーセントから90パーセントまでもが消滅したとも言われている。ミツバチは人類より３００万年も早い５００万年前に出現したとされていて、人間の生存にとって欠かすことのできない存在です。ミツバチはなぜ消えてしまったのか？　その原因はどこにあるのか？　抗生物質などの薬物投与、農薬、ミツバチヘギイタダニなどの寄生虫、長距離移動などのストレス、現代社会がもたらす電磁波など、さまざまな要因があげられるものの、はっきりと解明されてはいない。祖父の代からミツバチに親しんできたスイスのマークス・イムホーフ監督が、アメリカ、ドイツ、中国、オーストラリアなど世界各地をめぐり、その実情を丁寧に取材しています。この映画は鋭い文明批評でもあり、ミツバチの小さな命を通して、自然と人間の持続可能な関係を静かに問いかけています。私が久し振りに身震いをした、感動の力作です。この映画を子どもに見せれば、それだけでものすごい教育効果があります。感受性の最も豊かな10代までにこの映画を観ておくと、間違いなくその子どもは命の大切さが理解できる大人に育ちます。是非、学校などで上映会をされてはいかがでしょう。

世界初！乳酸菌巣箱

厳選した小国杉（熊本県）の厚板を乳酸菌液にドブ漬けすること10日間。これで世界初の乳酸菌巣箱を作りました。

ところで、林野庁が戦後に行ってきた自然の森林環境を荒廃させた破壊行政。これで日本中の森林は、死の森になってしまいました。しかし、熊本県の小国《おぐに》杉の植林事業の歴史は古く、１７５０年代（宝暦年間）に始まっていて、戦後の森林破壊行政が行った植林造林事業とは一線を画しています。小国林業の最大の特徴は、適地適品種を考慮し、造林者自ら養成したさし木苗により、ヘクタール当たり２０００～３０００本の疎植造林を行ってきたことです。この小国独特の造林法の賜物なのか、乳酸菌に良く馴染みます。

だから、小国杉を漬け物にした発酵杉板は腐敗に強く、発酵環境を提供するので、小国発酵杉板で蜜蜂の巣箱を作ると、ミツバチにとっては健康そのもの、病氣にならない棲み家になる。このことは、人間が住んでも同じで、小国発酵杉板で家を建てれば、健康そのもの、病氣にならない住宅ができるはずです。杉板の中に乳酸菌が入り込むと発酵杉材になる。この巣箱は、乳酸菌の住処でもあり、ミツバチは発酵環境の中で生活することになります。

これで、まず病氣にはならない。ミツバチが外から病原菌や病原性ウイルスを運んできても、その病原菌は乳酸菌によって死滅してしまう。こういう巣箱は今までになく世界初です。私は5年ほども前から、「家の中に乳酸菌を噴霧して発酵環境を作り、その中で生活しよう」と言い続けています。これを実行してきた人は風邪一つひかない健康体になっています。ミツバチも豚も同じで、やはり、生き物は発酵環境の中に住むべきです。ミツバチの巣箱の中に乳酸菌を噴霧することによって、ミツバチは病氣知らずの健康体になり、どんどん繁殖する。それだけでなく、乳酸菌を身体中に付けたミツバチは森や林に乳酸菌を運ぶ。これで森や林が元氣になります。

高さ18センチメートル、幅27センチメートル、板の厚さ25～30ミリメートル。これが私の手作りする巣箱の寸法です。この寸法に決めるまで、苦心惨憺し、艱難辛苦の日々を送りました。どうすれば、ミツバチが快適に過ごせて、安心して子育てができて、スムシやスズメバチなどの天敵にもやられない巣箱ができるのか？　夏は涼しく、冬は温かく、強風にも豪雨にも耐え、住めば都で、快適な別天地。採蜜がしやすく、掃除も簡単で、乳酸菌の噴霧も手軽にできる理想の巣箱。養蜂仲間は絶賛してくれています。この巣箱はデファクト・スタンダードを想定して作ってあります。

デファクト・スタンダードとは、ＩＳＯ（国際標準化機構）、ＤＩＮ（ドイツ国家規格）、ＭＩＬ（アメリカ国防総省軍用規格）、ＪＩＳ（日本国家規格）などの標準化機関等が定めた規格ではなく、結果として事実上標準化した規格のことです。私が決めた基準が世界の基準であるということです。Windows、iPhone、Androidのスマートフォンなど、どれも企業が決めた規格が世界の標準になっている。デファクト・スタンダードを打ち出せた企業は世界市場を制覇できる。

私のグルンバ・エンジンも、ＩＳＯだのＪＩＳだのといった規格には一切関係なし。私の規格が世界の規格です。でも、まだ世界市場を制覇するには至っていませんが。このニホンミツバチの巣箱の規格も、世界市場を制覇することはできないでしょう。なぜならニホンミツバチがいるのは日本だけですから（笑）。何か事業を起こそうとする起業家は、デファクト・

スタンダードを必ず狙うべきです。それには、コア・コンピタンス（同業他社に絶対に負けない技術）を開発すべきです。私の乳酸菌巣箱も、コア・コンピタンスです。

乳酸菌でミツバチを呼び寄せる

自然界にいるミツバチを自宅の巣箱に呼び寄せる秘密は、乳酸菌にあります。

空の巣箱の周りの木々や雑草に乳酸菌を毎日散布する。もともと、ミツバチが好む森や林の木々の葉には大量の乳酸菌が付着しています。森の木々も、雑草も、農作物も、その成長点では乳酸菌が関与して、葉や枝ができていく。植物の成長点は、実は万能細胞の宝庫です。そういう乳酸菌が豊富に存在する環境を、ミツバチたちは好みます。狭い庭でも、乳酸菌を散布すると鬱蒼たる森林の趣になります。

私も、わずか10日の間に、なんと4箱の空巣箱に自然界のミツバチを入巣させることに成功してしまいました。乳酸菌の効果で、赤ちゃんバチもたくさん増えます。豚の出産数と出産率が上がることはわかっていても、こんなにハチが増えるとは思いもよりませんでした。

ハチはミードで元氣モリモリ！

かつてヨーロッパでは、新婚時に新婦がミード（蜂蜜酒）を作って新郎に1ヶ月間ほど飲ま

左写真から右写真へ、短時間で集まるミツバチ。オリジナルのミツバチ誘因剤は、山の樹の花の蜜、ミード、粗糖蜜、蜂蜜、あらびき茶、乳酸菌、水飴などが原料。

乳酸菌液にドブ漬けした杉板でできた、世界初の巣箱

せ、子作りに励んだそうです。このミードを飲む1ヶ月を蜜月（ハニムーン）と言ったらしい。

農薬を浴びて元氣のないミツバチたちを元氣にするべく、私が放った起死回生の一手！

それがミードです。これは、蜂蜜を玄米乳酸菌液と酒精酵母（黒カビ）でアルコール発酵させたお酒です。これが絶妙にして絶大なる効果を発揮すると、よれよれだったミツバチたちは、瞬く間に元氣になり、花の蜜や花粉集め、精力的な子づくりや子育てにと、巣箱内が一丸となって元氣を発散し始めてしまいました。

ハチ毒への対処法

私は過去、50年前、20年前、15年前、10年前に合計で4回もスズメバチに刺されました。その後もクマンバチに1回、西洋ミツバチには7回も刺されていますし、養蜂を始めてからハチ毒が体内に入ってしまったことが何度もありました。

2度目までは病院には行かなかったものの、3度目に刺された時は、さすがにアナフィラキシーショックの症状（急性のアレルギー反応。かなりの掻痒感、嘔吐感、呼吸の苦しさを感じる）が出てきて、「いかん！　これは救急車か？　エピネフリン（特効薬）も必要か？」と、一瞬は考えました。

でも、「精神力で乗り越えよう！　乗り越えられる！」と、自らに猛烈な氣合をかけた。「ハチ毒による重篤な症状を観察しながら、その観察も楽しんでみるか」とも思ったわけです。なぜかと言うと、私が常日頃から学ばせていただいている、今村光臣さんの深い考察と理論の影響があったからです。彼は大変に優れた指圧士で、その知識と説得力には私も一目を置いてきました。

彼のブログ「養生法の探求」(kouhakudou.blog.fc2.com/)で、彼がハチ毒について展開する説を覚えていました。――ハチの針で皮膚に穴が開くという創傷ストレッサー（ストレスの原因）に加えて、ハチ毒が体内に注入されることで体タンパク分子が変性されるストレッサーが加味され、このダブルストレッサーによって、傷ついたタンパク質を修復するためにヒートショックプロテインが旺盛に分泌されてくる。その結果、ヒートショックプロテインは免疫細胞の樹状細胞の抗原提示能力を飛躍的にアップさせ、免疫力が高まる――これは、ハチ鍼という鍼治療の原理の一つです。

この歴史は古くて、古代エジプトやローマですでにこの治療法が報告されています。アメリカでは、リウマチの蜂毒治療を受ける人が年間約４万人もいるそうです。生きたミツバチの針をピンセットで抜き取り、その針に含まれる針液を注射のように体のツボに刺す療法です。ミツバチは、０・１ミリリットルほどのハチ毒を持っていますが、これには人体にとって優れた天然の有効成分を多く含んでいます。

『アナスタシア』の中にも、ミツバチに刺してもらって鍼治療をする話が出てきます。すでにそういう知識があったので、敢えてミツバチの毒を体内に残したまま、外からは一切の解毒をせずに、本来は人間の身体に備わっているはずの解毒能力を全面的に信じることにしました。

８００万年に及ぶ人類の歴史は、ハチに刺され、ハチ毒を体内に注入され続けてきた歴史でもあります。そこには、ハチの恩恵（受粉や蜂蜜）を受けながら、時々はハチに刺されるというような、ハチとの深い深～い共生関係や共存関係があります。ハチに刺されたくらいでは、人間はビクともしませんよ。それなのに、アナフィラキシーショックなどという病名をでっち上げて、人を恐がらせ、クスリを打って（売って）商売にしようとする。これが現代の悪徳医療の実態です。

アナフィラキシーショックの教訓

「アナフィラキシーショックの初期症状が出た時には、直ちに救急車を呼んで下さい」

医師たちはそのように呼びかけます。確かに、アナフィラキシーショックで死ぬ人はいます。だから、ハチに刺されて悪寒がしたり、呼吸が苦しくなったら直ちに病院へ、というのは常識でしょう。

しかし、私は、この常識を信じないし、病院へも行きません。私のモットーの一つは、何事も疑ってかかるということです。疑ったらさまざまな角度から検証します。70年も生きてくると、自ずとそういう智慧が身に付くものです。確かに、何十万人に一人くらいはアナフィラキシーショックで死ぬケースもあるでしょう。年間に30人以上の人が死んでいるというデータもあります。

しかし、私はそのデータも鵜呑みにはしない。アナフィラキシーショックだ！ エピペンだ！抗アレルギー剤だ！ 抗ヒスタミン剤だ！ 点滴だ！ 静注だ！ といった、病院での救急治療の副作用で死んだ人が多いに違いない。これが私の推測です。もっとはっきりと言うと、アナフィラキシーショックも癌も糖尿病も高血圧も、医者はいろいろと病名を言うでしょうが、医者の言うことの大半は営業トークだということです。つまり、金儲けです。特に最近は医者の脅しが悪質になっていて、恐喝に近いケースがとても多いです。

アナフィラキシーショックもショック・ドクトリンの一つで、患者の思考能力を奪って不安にさせて医者を頼らせるという、金銭関係を作るための策略です。こういう悪辣な策略に、私は絶対に乗りませんよ。ワハハハハハ！

以前、3度目のハチ毒で呼吸が少し苦しくなり、アナフィラキシーショックかと少しは心配したものの、身体がハチ毒に対抗するために酸素が大量に必要になったための症状だということが、後になって納得できました。私は病院へ行かなかったお陰で、ものすごい体験と素晴らしい教訓を得たと思っています。刺された時は、けっこう重い症状が出たのは確かでしたけどね。普通なら常識的にも病院へ行くべきなのだろうけど、私は頑として、自力で治すと意地を張った。今の医療はハチ毒だろうが癌だろうが、対症療法で根本的な治療ではありません。医師は病氣の症状を軽くすることはできても、病氣を治すことはほとんどできない。

ハチに刺された時の特効薬という名目で、たとえば、エピペンという薬があります。中身は化学的に合成した副腎髄質ホルモン（アドレナリン）です。これはリスクが非常に高く、ときに呼吸困難や心停止など様々な重篤な症状があらわれることがあることが説明書に詳しく書いてあります。

つまり、ハチ毒によるアナフィラキシーショックよりも、特効薬のエピペンの方がはるかに恐いということです。ハチ毒によるアナフィラキシーショックで死ぬのではなく、「ハチ毒によるアナフィラキシーショックです」と言われて救急車で病院に運ばれ、エピペンを打たれて死んでいく。そういうわけで、私は今回のハチ毒ショックを自力で治したことは正解でした。ただ、万人に勧めているのではないことをお断りしておきます。

近藤誠氏の本がすでに１００万部以上も売れていることは、とても良い傾向だと思います。人は何事も賢くなればなるほど、騙されずに済みます。確かに騙す側は悪い。でも、騙される側もしっかりしないといけない。特にお人好しな日本人は、そういう弱点がありますから。

本物の蜂蜜

プラーナとオージャスは、アーユルヴェーダ医学（インドの伝統的医学）の重要な概念です。プラーナは宇宙に通じる生体エネルギーで、オージャスは免疫力を高める作用がある生命エネルギー。蜂蜜は非常にオージャスが多く、食べるとすぐに身体と心の滋養になり生命活力が高まる。蜂蜜は90パーセント以上が単糖類でできているので、消化の必要がなく、食べるとすぐに吸収され、そのまま血糖に反映されて脳（精神）の栄養になり、オージャスが高まります。

さらに、蜂蜜は脳の栄養というだけではなく、脳（特に前頭葉）の発育の面でも非常に効果的な食品です。記憶力や思考力や情緒（自制力や精神力）を高めるために、脳が発育盛りの若い人が蜂蜜をたくさん食べるのは、とても良いことです。記憶力を回復させる特効薬でもあるので、年配者も蜂蜜をどんどん食べるべきです。

一方、格安な蜂蜜は効果がほとんどありません。蓮村誠氏（医学博士）が『もの忘れの9割は食事で治せる』（PHP文庫）で次のように述べています。

「スーパーなどでは、よく200～300円のハチミツが売っていますが、あれはハチミツとはいえません。半分以上が水あめのまがいものですから、そのようなものを食べても何の意味もないでしょう。本当のハチミツは、200から300ミリリットルで数千円はするものです。

それからニュージーランド産など、有名な外国産のハチミツがあります。現地で食べるぶんにはとてもよいのですが、わたしたちが店頭で手にするもののなかには、船便で赤道を通ってくるために船内が高温になり、せっかくのハチミツの効能が失われている可能性があります。

加熱されていない国産のハチミツがいちばん安心です。高価ですからためらいもあるかもしれませんが、脳のための薬と思って購入してみましょう」

第8章　豆乳ヨーグルト

元祖！豆乳ヨーグルト

３・11以降の放射能が降り注ぐ日本で、対策として私が考え出した奥の一手が、豆乳ヨーグルトでした。

それからしばらくして、雑誌「ゆほびか」（２０１３年10月号）が豆乳ヨーグルトの特集を組んだりして、どんどんと広がっていますが、これは大変なスグレモノです。多い時には１cc の中に18億個もの乳酸菌がいます。普通の人が作って、せいぜいその半分程度ですが、それでも大変な数です。この生きた元氣溌剌の乳酸菌が腸内に入れば、腸内の腐敗が止まって病原菌もいなくなり、腸内で乳酸菌の密度が高まると、ある時点でマクロファージやＮＫ細胞も増えることが検証されています。乳酸菌の数は2億個もいれば十分です。素人が米とぎ汁を作ると、乳酸菌はせいぜい数百万個なのに、これでも効果があります。

手作りの豆乳ヨーグルトのメリットは、お金がかからず、乳酸菌が生きています。

あらびき茶のテーマソング「あらびきな恋」（youtube.com/watch?v=NPgyBUKK7XU）を作詞・作曲して歌っている**ヤヨブーさん**も「小国笑顔わいたネット」「やよEーのブログ」（巻末INFOMATION 参照）を運営しています。

この元氣な植物性乳酸菌で腸内を発酵環境にして、腸内で乳酸菌が自己増殖していくようにしてあげることが、一番の目的です。市販されている乳酸菌の商品は、流通過程で発酵ガスが出ないように、薬品やビタミンCなどで菌を眠らせざるを得ません。

私の場合、すでに腸内が理想的な発酵環境に完成されているので、豆乳ヨーグルトの量は1日に50ccで十分です。排泄臭が強い人でも、1日に100〜150ccで十分です。そんなに大量に摂取しなくてもいいんです。腸の健康度は排便の匂いと色で判断できます。赤ちゃんの排泄物は無臭できれいな黄土色ですが、これが理想です。付き合いなどで外食をしたり、動物性の食事をせざるを得ない場合は、後でしっかりと排泄することです。私は必ず洗腸（浣腸）します。そして、豆乳ヨーグルトを普段よりも多めに摂るように工夫しています。モデルさんや女優さんなどは美容と健康を維持するために、洗腸をしっかりとやっている人が実はたくさんいます。私は洗腸器を使って乳酸菌を注入していますが、超（腸）快調ですよ。

豆乳に玄米を1割入れる

3・11の後、豆乳ヨーグルトのレシピは次の通りでした。2リットルのペットボトルに玄米1合、黒糖60グラム、粗塩20グラム、米のとぎ汁1・8リットルを入れ、蓋をしてコタツなど暖かい所に置けば2～3日で乳酸菌液ができます。酸っぱければ成功です。これに豆乳を混ぜると豆乳ヨーグルトができます。

ところが、この方法だと上手にできないという人が多い。これからは、豆乳に玄米を1割ほど入れてよく攪拌する方法をオススメします。夏なら室内に置いておくだけで、冬なら30度位で保温すれば約10時間で、豆乳ヨーグルトができます。全体の7割程度を食べたら豆乳を補給します。これを5～6回繰り返したら、中の発酵している玄米をよく噛んで食べれば、さらに合理的です。

なお、玄米は放射能ゼロの無農薬米・有機栽培米にして下さい。「ぽんぽこ笑店」でも幾つかの玄米を販売しています。

ただ、玄米には乳酸菌以外に納豆菌が含まれているので、時として嫌な臭いが出ることがあります。その場合、レモンやミカンなどの汁を入れて下さい。

または、私の弟子で愛媛県澤田農園の澤田慎也さんの完全無農薬のミカンジュースを入れて下さい。これは松山市郊外の山奥のミカン畑のさまざまな柑橘類が原料で、理想的な有機農業の完全無農薬です。数年前から私は澤田さんに、乳酸菌による無農薬・有機農業を教えてきて、それを忠実に確実に実行してくれています。同じフンドシ仲間でもあり、彼はとても研究熱心で、月の満ち欠けのサイクルを利用した「バイオリズム農法」に取り組みながら、ここでできるジュースやトマトは超絶品です！　これはまさに農業をアートに昇華させた賜物です。

澤田農園以外にも、私の弟子の一人、タイチー君が「杏仁タイチーのお店屋さん」（共に巻末INFOMATION参照）で澤田農園のジュースなどを販売してくれています。私が鍛えに鍛えている23歳の有望な若者で、しばらくは日本で修行しながら、将来は世界に羽ばたいてもらうつもりです。

どうぞ、この二人の弟子たちの応援もよろしくお願いします。ね、皆の衆！

乳酸菌の賞味期限

乳酸菌の賞味期限ですが、そもそも、賞味期限という規格は国家官僚が食品業界を支配するために作った消費者無視の制度ですから、あまり氣にしなくていいです。乳酸菌は基本的には無限生存します。でも、米とぎ汁乳酸菌は閉鎖環境なので用心が必要です。長期保存するとヌクヌクと怠けてしまい呑食機能が薄れます。だから、絶えず新鮮な菌＝新しい米とぎ汁の菌を投入することです。

理想的な豆乳ヨーグルト

理想的な豆乳ヨーグルトは、おぼろ豆腐のようにドロドロして酸っぱい方が、固まっている物よりも乳酸菌の数が多い。小腸での乳酸菌密度が高くないとマクロファージは大増殖しませんから、私はオボロ豆腐志向です。私たちの体内の残留放射性物質がフル生産しているがん細胞を、貪欲に食べてしまうマクロファージを何が何でも増やすことが絶対に必要です。放射能による発病リスクは判例でも認められています。しかし、がんも白血病も免疫不全も、放射能被曝が原因なのに国もマスコミも真実を報道しません。そして、多くの国民も放射能の致命性を認識しないまま死んで行きます。ヨーグルトを食べると便秘になるという人が意外と多いですが、それは、腐敗菌の多い腸内で、乳酸菌が解毒のために腸内の水を大量に飲むので、水分の少ない排泄物になる。これが便秘の原因です。便秘を解消するには、洗腸や、玄米やアロエなどを摂取するのもいいでしょう。

第９章　菌活のススメ

唐辛子で腐敗菌（悪玉菌）を大掃除

乳酸菌を多く含んだ食品を食べればマクロファージやＮＫ細胞が増えますが、これには一つの前提があります。それは腸内に腐敗菌がいないということです。人間の腸内にはウェルシュ菌などの頑強な腐敗菌が棲んでいて、この腐敗菌との闘いに善玉菌の乳酸菌が疲労困憊する場合が多い。乳酸菌には安心して免疫細胞を増やしてもらうことに専念してもらう方が、断然に効率がいい。そこで、腐敗菌との戦いは別の勢力に任せるという方法があります。この別の勢力とは、唐辛子です。あの真っ赤な唐辛子の粉の殺菌力はとても強力で、腸内の腐敗菌をいとも簡単に殺菌してしまいます。

歴史的には、朝鮮半島に唐辛子を伝えたのは日本人で、韓国人が唐辛子を使ったキムチを作り始めたのは18世紀になってからです。唐辛子に関しては、実は日本が大先輩です。乳酸菌が働きやすいように万全の準備態勢を整えてくれるありがたい存在こそが、唐辛子なんです。

激辛で美味い上質の唐辛子は、南国でなければできません。私は、鹿児島で唐辛子の栽培に成功しましたが、南国の強烈な太陽光線と鹿児島の猛暑が、あの鮮血のような赤い色と猛烈なカプサイシン（唐辛子の辛味成分）を作ってくれます。強烈な太陽光線の主力エネルギーは、放射線です。光合成細菌は、その放射線のエネルギーを利用して、あの鮮血色の色素を作って唐辛子に与えたのです。光合成細菌はカロチノイド色素をつくる名人ですが、あの色素は放射線から身を守るための色素で、サングラスと同じ原理です。だから、その唐辛子を食べた人は放射線にも強くなれるんです。

ただ、辛い物を食べ過ぎた後は誰でも経験があるように、水戸黄門さんが「ヒリヒリして痛いよ〜！」と叫ばれるので、量はほどほどにしておいて下さいよ。ね、皆の衆。ガハハハハ！

爆裂！ 魔法の発酵漬物床

志布志名物「うなぎ一尾丼」（料亭・味人膳）があまりにも美味しくて食べ過ぎ、メタボになってしまったことがありました（笑）。そんな私を助けてくれ、痩せさせてくれたのが、発酵菌ギトギトのキムチでした。乳酸菌や酢酸菌などの発酵菌に強烈無比の殺菌力を持つ唐辛子が合体したキムチ。これをもっと進化させれば、放射能時代を生き抜けるだけの食べ物にできるかも知れない。これまで、生きた乳酸菌を大量に含んだ発酵食品といえば豆乳ヨーグルトだけで、正直、この食生活はなんとなく味氣がないし、少しばかり飽きます。

そこでキムチを凌駕するような「必殺・和製キムチ」を考案しました。その名も「爆裂！魔法の漬物発酵床」。これなら、肉、野菜、魚など、何でも乳酸菌ギトギトの発酵食品にできます。どんな食べ物も発酵させることで、放射能も含めてあらゆる毒物・毒素が減衰します。免疫細胞のＮＫ細胞やマクロファージが著しく活性化して、病氣にならないタフな人間に生まれ変われます。

乳酸菌がギトギトの発酵床を作る

「辛い物は身体に良くない」と言われます。唐辛子もそのままで食べるということではなく、ギトギトに発酵している発酵床を作るために、「玄米粉」や「蓬龍宝《ほうろんぽう》」で唐辛子を発酵させた物を食べるという意味です。「爆裂！魔法の漬物発酵床」を作る際、唐辛子の粉を完璧に発酵・熟成させることがポイントです。そのためには二つの方法をオススメします。

①玄米粉を使う

玄米は蓬の次に乳酸菌を多く含んでいます。その玄米の品質が全く変化せず、玄米に付着している乳酸菌が一個たりとも死滅しない製法でできている、特別な無農薬玄米粉が、「九州産玄米粉」。これは「ぽんぽこ笑店」で販売しています。

生きた乳酸菌が口の中でシュワシュワシュワ〜。キムチの本場・韓国人も認めた驚愕の漬物ができる！「爆裂！ 魔法の漬物発酵床」。

これで豆乳ヨーグルトを作ると、とても発酵が早くて乳酸菌ギトギトのヨーグルトが、すぐにできてしまいます。この玄米粉は、不耕起栽培で有名な瀬戸山譲一君の監修・肝入りです。唐辛子の粉を発酵させてキムチをつくるのは韓国人の得意技ですが、鹿児島の玄米粉を使う発酵法は、韓国人も考え付かなかった秘法です。

②「蓬龍宝《ほうろんぽう》」を使う

山梨県甲府市の若月祥裕さん（環境開庸研究所、巻末INFOMATION参照）が培養した世界一の乳酸菌「蓬龍宝」（youtube.com/watch?v=2RSZBdNVSzU）。これは、志布志産の蓬を種菌にしてグルンバ・エンジンで培養したものです。pH、芳香性、発泡性、発酵力（他の有機物を発酵させる力）、抗菌性など、どの指標も抜群です。抗菌性は、1リットルの水に2〜3万個の大腸菌を入れて、そこに「蓬龍宝」の乳酸菌を混入したら、3分後に大腸菌は全滅してしまった。

　これは、強力な植物性乳酸菌の殺菌力の成せる技ですが、それにしてもすごい！　乳酸菌は、人間の敵である病原菌や病原性ウイルスだけを集中して呑食するという特性があり、中でも「蓬龍宝」の殺菌力はずば抜けています。唐辛子の粉と「蓬龍宝」を1対1で混ぜ、ダシ汁で粘度を調整して、「爆裂！　魔法の漬物発酵床」を作ってみて下さい。元氣溌剌で殺菌力が炸裂している、比類なきスーパーパワーの漬物床ができあがります。

放射能を食べる健康法「腸内超元氣」

　私は3・11以降、放射能が降り続ける日本で生き残るために、さまざまな方策を提唱してきました。

　2015年の8月から新たに人体実験で取り組み始めているのが、放射能汚染されている魚を食べることです。3・11以降、久し振りに食べた焼き魚はやっぱり美味しかった。その魚の肉を100回近く噛んで噛んで噛み締めました。そうすると唾液が分泌されて、口の中が魚肉と唾液で一杯になります。「放射能を積極的に食べて、腸内微生物を元氣にする秘法」という、過激極まる食生活を積極的に始めました。その理由は、人間は放射能には極端に弱くても、微生物は放射能に対して耐性がある。光合成細菌のように放射線のエネルギーを活用している微生物までいます。その光合成細菌の多い飲み物は、玄米乳酸菌と「あらびき茶」です。このことは、光合成細菌が太陽の光（放射線）をエネルギー変換して玄米や茶葉に与えている事実から納得できるでしょう。

私は食前食後に、玄米乳酸菌液と「あらびき茶」をガブ飲みします。乳酸菌や光合成細菌が腸内で大増殖している所に、焼き魚に含まれていた放射性物質が到着する。その放射性物質を腸内の光合成細菌が食べて、元氣になる。腸内微生物が元氣になれば、腸も元氣になる。この健康法、名付けて「腸内超元氣」（笑）。セシウムの半減期は30年でも、腸内に入ったセシウムは腸内微生物と一緒に短期間で排泄されてしまうので、生物学的半減期は６～７日です。さらに、「あらびき茶」には放射性物質の排出を早めるカテキンの作用があるので、セシウムの生物学的半減期は、多分、２～３日です。この時に大切なことは二つあって、①絶対に心配しない　②最低でも１００回は噛んで、唾液を大量に分泌させる。

こうして私の腸内は、焼き魚の放射性物質のお陰で腸内微生物が超元氣になっています。

自宅を「放射能ゼロ空間」にする　洞穴生活のススメ

日本では、春が近づくにつれて、西高東低の強烈な偏西風の勢いが弱くなります。大氣の流れに巻き込み現象が発生すると、日本全土を放射能が飛び散ります。日本列島に春一番が吹き抜けた後は、日本全国どこに逃げても、放射能は追いかけて来ます。これは、黒澤明監督の映画「夢」の予言通りです。正直なところ、日本のどこに逃げようが一緒です。

では、どうしたら良いのか？

それはね、自宅を「放射能ゼロ空間」にすることです。これ、やってみると意外に簡単です。室内（居間や寝室）の放射性物質が、ほぼゼロになる。この方法は完璧に近い空氣清浄法といえます。用意する物は、空氣清浄機、掃除機、スプレー（安価なもので可）、乳酸菌液、除湿機、これだけです。

具体的なやり方を説明しましょう。まず、室内の空間に向けて乳酸菌液をスプレーで噴霧します。そうすれば、自宅の内部に乳酸菌が棲みついて、家全体が発酵環境になります。空中に浮遊しているホットパーティクルが霧の水滴に付着して下に落ちる。これを素早く掃除機で吸引する。この繰り返しです。発酵環境になった家の中を徹底的に拭き掃除して、空氣清浄機を24時間作動させる。この作業を徹底的にやることです。

問題は、掃除機のフィルターが水分を含んだ塵埃で詰まったりすること。この辺はよく考えて、知恵を絞って、工夫をしながらやって下さい。経済的に余裕がある場合、４〜５万円代のサイクロン式の掃除機が欲しいところです。

２０１５年頃からは、デブリが発する水蒸氣が日本列島を覆うようになってしまいました。

この対策には、できれば空氣清浄機以外にも除湿機を別に購入して、湿氣が強い日は部屋を閉めてずっと作動することです。必ずやあなたの執念が通じて、「放射能ゼロ空間」ができます。この部屋こそが最良の避難場所になります。機能性と経済性で考えると、空氣清浄機はシャープ社の製品、除湿機はコロナ社の製品を私はブログでもオススメしています。

また、学校や幼稚園などを「放射能ゼロ空間」にすることも、実は簡単です。

新燃岳《しんもえだけ》の火山灰を特殊加工した放射能吸収剤「マグマパワー（新燃岳の火山灰）」は、多孔質形状の穴によって放射性物質を見事に吸収してしまいます。これは「ぽんぽこ笑店」でも販売しています。撒いてから十数分も経つと、線量がガクンと下がる。これと、放射性物質を無害化してしまう光合成細菌を組み合わせれば、校庭など簡単に除染できます。あとは校舎の屋根にスプリンクラーをつけて、乳酸菌を霧にして噴射すれば、空中に浮遊するホットパーティクルも下に落とせます。

下手に逃げようとするよりも、あなたの居住空間を「放射能ゼロ空間」にする。そして、何事も知恵と工夫と、想念です。人間の想いの威力とは、実はすごい力を秘めています。できるだけのことをしてベストを尽くしたら、プラス思考で生きること。ここで大切なことは、まず、ベストを尽くす。実践です！　行動です！　そうすると、不安が消えます。実践しないから、不安感がいつまでも追いかけて来るんです。

第10章　日本茶

日本茶は薬効の宝庫

千利休は茶を文化（茶の湯＝茶道）にまで高めましたけど、茶は古代から生薬（天然の薬）でもありました。なぜなら、茶には大変な薬効があるからです。

抗がん作用、脳卒中予防、肥満予防、動脈硬化予防、血圧上昇抑制作用、インフルエンザ予防、抗糖尿病作用、免疫賦活作用、肝疾患予防、抗老化作用など、まさに茶は万能薬です。さらに、放射線障害の抑制効果まである。だから私は、「あらびき茶」を夢中で販売してきたわけです。アマゾンで販売しても利益は少ないです。配達料、手数料、梱包料などの多大な経費をアマゾンに払わなければならないからです。そのアマゾンの売上げランキング(日本茶部門)で、「あらびき茶」はトップ圏内を常に疾走してくれています。「あらびき茶」が放射能国家の国民飲料として必須の定番になったんですから、こんなに嬉しいことはありません。

こんなにすごい！「あらびき茶」が売れる理由

全くの新参者の「あらびき茶」が、これだけ売れている理由は、放射能がゼロだからです。除草剤は確かに便利だけど猛毒性があります。ホームセンターでは除草剤が大安売りの目玉商品として山積みされ、一般市民や農家が買って、普通に撒いています。「あらびき茶」のメーカー、和香園は、何年も前から除草剤も含めて無農薬農業に挑戦して来られた会社です。そのために乳酸菌を使うことで、年間で億単位の農薬経費を節約しました。

福島からの放射性水蒸氣が宮崎市を襲った時、志布志市の市街地は海が近いので、空間線量が普段の０・０５毎時マイクロシーベルトから、０・１５毎時マイクロシーベルトまで３倍にも跳ね上がりました。ところが、「あらびき茶」の茶園は海から離れた高台の深い森と山に囲まれた農地なので、０・０５毎時マイクロシーベルトを保ったままだった。つまり、「あらびき茶」の茶畑には放射性物質は飛んでこなかったことになります。でも全くゼロではないでしょう。セシウムの原子の何万個か何十万個は飛んで行ってるはずだと強硬に迫る人がいれば、私は否定しません。アメリカまで飛んで行ったストロンチウムが、「あらびき茶」の茶園だけには飛んで来ないとは言えないからです。ところが、「あらびき茶」には放射能汚染をゼロにする、途轍もない秘密や仕掛けが幾つもあります。

①桜島の火山灰。これはヤシガラ活性炭ほどではないけれど、ホットパーティクルを吸収

する多孔質形状になっています。そのため、桜島の火山灰が降ったあとは空中線量が確実に下る。万が一、「あらびき茶」の茶畑に超微量でも放射性物質が飛んできたとしても、そのホットパーティクルを桜島の火山灰が吸収してしまう。

②「あらびき茶」の茶畑があるのは、志布志市郊外の有明で、ここには桜島の火山灰が頻繁に飛んで来ます。その火山灰も、スプリンクラーでの散水で、すべて洗い流されてしまいます。桜島の火山灰が茶葉につくと商品にならない。だから、どの畑にも畑作灌漑用上水道という施設があって、この水をスプリンクラーで散水しまくって茶葉を洗いまくります。このため、「あらびき茶」の茶葉には火山灰はおろか、埃一つ付いてない。もちろん、ホットパーティクルもすぐに洗い流されてしまう。

③和香園の茶葉加工工場（30億円近い資金を投入した日本一の工場）には、巨大な洗濯機のプラントがあって、深蒸しする前の茶葉を清浄な水で徹底的に洗う。これはもともとが桜島の火山灰を洗い流すためのプラントで、万が一、放射性物質が付着していても、たちまち洗い流してしまいます。

「あらびき茶」の茶畑は、シラス台地（火山灰の台地）にあります。シラス台地は透水性が良いので、どんなに散水してもすぐに水が引き、腐敗することがない。「あらびき茶」の茶畑には乳酸菌を散布するので、キレイな発酵土壌で、腐敗菌や病原菌も皆無です。

和香園の秘密兵器、ハリケーン・キング。youtube.com/watch?v=4JWgyqO99YM 参照。

④和香園は新たに、高圧・高熱の水蒸氣を雑草に吹きつけて雑草を枯らしてしまう機械を開発しました。この茶畑のスプリンクラーの台風発生機は、ハリケーン・キングと言います。除草剤は使わないという執念が、ＳＬ型除草機という画期的な機械の開発と成功をもたらしたわけです。それにしても画期的な除草機で、何よりも除草の効能が素晴らしい。高熱の高圧水蒸氣で雑草が枯れてしまうだけでなく、雑草の種も蒸されてしまうので発芽しなくなります。さらに、雑草の陰にひそむ害虫も駆除してしまう。

「あらびき茶」が放射能ゼロだと私が自信をもって言うのは、「放射線量測定結果報告書」があるからではありません。この手の報告書は当てにならないし、私は信用していません。検出限界値（20ベクレル／キログラム）も高く、全量検査をしないランダム・サンプリングだからです。こういうデータを見せられて安心し、納得してしまうのは、たんなるデータ・オタクで、放射能まみれの時代を生きていけません。まさに「あらびき茶」は、乳酸菌農業による乳酸菌茶葉から生まれた乳酸菌茶です。

茶葉の生理活性作用

過酷な競争の日本社会では、健康こそが至宝であり、健康の維持と増進を最優先しなければ生き延びていけません。健康増進と病氣にならない健康体作りのためには、免疫力が必須であり、免疫力の向上のためには、乳酸菌、茶葉、蜂蜜、酢などの食品と、運動による血流増進と、身体を冷やさない生活を心がけねばなりません。

その点、茶葉の生理活性作用は、ずば抜けています。

生理活性作用とは、血圧上昇抑制作用、血中コレステロール調節作用、血糖値調節作用、抗酸化作用、老化抑制作用、抗突然変異、抗癌、抗菌、抗う蝕（虫歯）、抗アレルギー作用などです。抗ウイルス作用にいたっては、タミフルの１００倍という説もあります。まさに茶葉は百薬の長です。「あらびき茶」割りの焼酎は千薬の長であり、そこに蜂蜜を入れれば万薬の長になり、仙薬となります。そして、何と言っても茶葉は安い。茶カテキンとは、フラボノイド（植物がつくる二次代謝物）やポリフェノール（植物の色素や苦味の成分）の一種で、生命活動を活性化する成分のことです。

茶葉にはカテキンが大量に含まれているので、栄西禅師の時代から茶葉の健康増進と健康回復の薬理作用が注目されてきました。最近では、明らかに歯垢を減少させる効果も認められています。健康のために、あるいは病氣を治すためにと、高価・高額のクスリやサプリを買っている人々が世の中には多いけれど、和香園の「あらびき茶」なら、財布は全く傷みません。だから私は「あらびき茶」を激賞するんです。

「あらびき茶」を国民飲料にしたい！

病氣を治し健康を増進させる特効飲料「あらびき茶」。

3・11以降、乳酸菌、豆乳ヨーグルトなどを広める乳酸菌発酵運動がかなり浸透してきたので、次は「あらびき茶」を国民飲料に育ててあげる運動を展開しようと思っています。ネットの世界で広まったことは、1年を経過した頃から徐々に社会現象となり始めます。

「あらびき茶」を広めることは、隣人を、同志を、そして日本人を救うことになります。一人で飲むだけでなく、できれば隣人や友人にも売って欲しいですし、日本中に広めて欲しいと思います。副業として「あらびき茶」を売るというサイドビジネスも可能です。ご希望の方には「あらびき茶」を卸価格でお売りします。

チャバタリアンという生き方

今の野菜は、ほとんどが徹底的に品種改良された奇形種です。

デパートやスーパーなどでいかにもキレイに並べられていても、実体は産地偽装の農薬まみれという場合がたくさんあります。日本は世界一の農薬使用国で、放射能の心配もあります。これからの時代、ベジタリアンという生き方は必ずしも健康的ではない。それよりも、「あらびき茶」を主食にする「チャバタリアン」という生き方を提唱したい。繊維分たっぷりの「あらびき茶」のお通じ効果、抜群ですよ。

それでも、どうしても野菜が食べたいという場合は、漬物、キムチ、「爆裂！魔法の発酵漬物床」などで発酵食品として食べればいいでしょう。

「あらびき茶」がアマゾンで大躍進！

平安時代に生薬として中国から運ばれた茶葉と、茶の木と、茶道。これを日本人は、丹精込めて、丹念に、日本の風土と日本人に合うように改良し、改善しながら、世界一のお茶に育てあげました。日本人は、何であれ優れた物事は精魂こめて改良し、改善し、最後は世界一の文化に育ててあげてしまう。これは日本人の特長であり、日本文化の精華です。お茶についても、日本人は中国のお茶に負けない、独特の製法を考え出しました。それが深蒸し緑茶と言われ

「ぽんぽこ笑店」の出荷風景（左写真）。「あらびき茶」以外に、焼酎「華奴」や空氣清浄機もアマゾン売上げ 1位に輝いた。

る日本独自の生薬でした。つまり、日本茶(深蒸し緑茶)は、生薬で副作用が皆無という、至高の薬です。

日本人の食生活が西洋化すると、１９９０年〜２０１２年の間にコーヒー豆消費量が50パーセント増え、緑茶消費量の３倍弱に相当しました。ホットドリンク市場の主役であった伝統的な緑茶がコーヒーに取って代わられてしまった。さらにコーヒー勢力は新たな大攻勢をかけてきています。２０１４年８月28日の「日本経済新聞」に「ネスレ日本は独自開発のコーヒーマシンを活用してコーヒー需要を開拓する」というニュースが掲載されました。このままでは、日本文化の精華、緑茶(蒸し茶)の存在そのものが危うくなり、消えてしまうかも知れません。

「どげんかせんといかん!」

危機感を感じた私は、いつもの義侠心が心の底から湧き出してきて、和香園の「あらびき茶」を引っさげてリングに上がる決意をしました。競合ひしめくドリンク市場であっても、勝算はありました。なぜなら、「あらびき茶」には他社が真似できない強みがたくさんあるからです。①乳酸菌農業 ②完全無農薬 ③一番摘み茶だけを使用 ④玉露よりも多いアミノ酸含有率 ⑤微粉末によりいつまでも新鮮が保たれる。これだけのお茶は、他を探しても見当たりません。

その後、「あらびき茶」の売上げが激増しました。「コーヒー豆・茶葉・粉末ドリンクのベストセラー」の部門でも、「茶葉・粉末ティー」の部門でも、「日本茶」の部門でも、「あらびき茶」は全部門で第1位になりました（2014年9月22日時点）。この部門は競争が激しいので、日々、売上げ順位は上がったり下がったりしてはいますが、上位ベストテン以内は常にキープできるようになりました。これもひとえに、お買い求め下さった皆さんのお陰です。この紙面を借りて、改めて御礼を申し上げます。皆の衆！本当にありがとうございます！

対放射能の効能が傑出している緑茶

日本茶の中でも、特に緑茶は機能性に優れています。緑茶はストロンチウムの吸収を防ぐ働きがあります。そのメカニズムは、茶タンニン類が消化管粘膜で収斂作用を起こすことにより、ストロンチウムなどの核種の消化管での吸収が抑制されるからです。この場合の収斂作用とは、タンニン（茶カテキン）が腸粘膜のタンパク質と結合して被膜を作るコーティング作用のことで、これにより核種の吸収が抑制されます。茶カテキンは、タンパク質と結合しやすく、ウイルス表面のタンパク質膜とも即時に結合する。このため、ウイルスは、茶カテキンによって不活性化してしまいます。茶(とくに緑茶)は、抗酸化性、抗菌性、抗肥満効果、抗変異原性、抗糖尿病効果、抗発がん作用など多くの機能性があり、茶の成分・カテキン類がこれに関与しているという。しかも、茶は骨中のストロンチウム量までを減少させてしまいます。

「われわれ日本人にとっては、緑茶などの茶飲料は古くから習慣的に飲んでいるなじみ深いものである。……茶は、放射線の内部および外部曝露による生体影響を抑制する有用な手段であると考えられる」(日本茶業中央会『新版 茶の機能』農山漁村文化協会)

どうですか! 私が、緑茶をもう一度、国民飲料に育てあげたいと願い、国民運動にすべく奔走している理由がおわかりいただけたと思います。緑茶には万能薬とも言える効能があり、お茶と 蜂蜜と 豆乳ヨーグルトさえあれば、免疫力は大幅にアップし、運動をして、楽しく愉快に生きれば、病氣知らずの人生が実現します。「あらびき茶」に、茶さじ1杯の蜂蜜と、大さじ2杯の豆乳ヨーグルト。これだけの食生活が、途轍もなく身体の免疫力を高めてくれます!

第11章　食べる

不食のメカニズムを解明する

私は〝できるだけ食べないで生きていこう〟ということで、「仙人食」を提唱し続けています。

少食は、放射能時代を生き抜くための保険のようなものと考えていいと思います。でも、食べないと不安だとずっと刷り込まれてきたので、飢餓感が脳で作り出されて無性に食べたくなる。食欲も洗脳です。人間とは、心理的な生き物です。

「人は食べなくても生きられる」「１週間や10日くらいは飲まず喰わずでも大丈夫」と思えば、死にません。心理の持ち方がとても重要です。ここ数年、「不食」という言葉が認知されるようになってきました。不食とは、文字通り、食べないことです。ここ数年、この「不食」の人たちが増えているようです。ところで、なぜ、人は食べなくても生きられるのか？

まず、水分について考えてみます。食べずに生き続けている世界新記録保持者は、インドのヒンズー教徒です。飲まず喰わず排泄せずに２０１５年で42年目です。インドは湿度が高く80パーセントを越える日が頻繁にあります。深い丹田呼吸法で大氣中の水蒸氣を取り込むイメージを意識しながら行うと、その水蒸氣は生きるのに必要な水分となります。

でも、食べないで42年も生きられる理由は何なのか？

もし、誰にでもこの「不食」が可能になれば、世界からは食糧危機がなくなり、大地震などの天変地異の備えとしての食料備蓄も必要なくなるので、こんなに便利なことはありません。でも、食べなくとも、替わりの何がしかのエネルギーがないことには生きられないはずです。私はその理由を解説した理論をいろいろと探したものの、納得いく説明にはまだお目にかかっていません。そこで、ここでは私なりの推論を述べてみます。

ヒンズー教徒の瞑想法というのは独特で、胸と腹に空氣を送り込めるんです。呼吸の際、大氣中のホコリを鼻でおもいっきり吸い込む。ホコリとは太陽光線にキラキラ光っている、あの塵です。ホコリはほとんどがミネラルです。このホコリには3大栄養素のタンパク質も脂肪もデンプンも含まれてはいませんが、物質に変わりはないからミネラルの仲間なんですよ。呼吸で腹に送り込まれた大量の空氣＝ホコリ＝ミネラルは、腸内に到達します。人間の腸内には１０００兆個の微生物が存在するという最新の報告がありますが、この腸内微生物の栄養は何かというと、ミネラル成分です。そして、この地球を形成しているほとんどもミネラル成分です。ミネラルの定義とは石の成分で、石が酸性に近い成分で溶けた水をミネラル水と言います。

地球が生まれた当初は真っ赤に燃えていて、やがて冷えて、海ができて、大陸には雨が猛烈に降り注ぎ、雨によって溶かされた大陸の石の成分が海に流れ込む。これが氣の遠くなるような長い悠久の間に繰り返されながら、石の溶けたミネラル水が流れ込んだ海から、初めて生命が地球上に誕生したわけです。つまり、ミネラルこそが生命の源です。そのミネラルがホコリとして普通に大氣中にはたくさん浮いているんです。

体内に吸い込まれたホコリは腸内微生物の栄養となり、彼らは細胞やさまざまな栄養素を作ります。ご飯（炭水化物）ならばブドウ糖に分解され、肉（タンパク質）ならばアミノ酸に分解されますが、その分解の過程で発生するエネルギーで微生物は増えています。作り出せない成分はビタミンＣくらいだそうで、他のありとあらゆる栄養素が体内で作られるわけです。分解された成分が腸内で吸収されて人間の栄養になる。つまり、微生物の食べカスで人間は生きていることになります。実は人間は、腸内微生物のお陰で生かされているんですよ！食べなくても生きられるのは、大氣中のホコリを栄養に転換しているからだというのが、私の持論です。

人間が生きるのに必要なカロリーは６０００カロリーだそうです。一般的には、３０００カロリー程度が食べることで賄われているそうなので、それでも３０００カロリーが足りない計算になります。この不足分は腸内微生物が作ってくれる栄養分で補完されていると思われます。私も5年前までは、とても不健康な生活をしていました。不整脈は出る、糖尿病は出る、腹は出るはで、挙句の果てには金まで出て行っちゃうような有様でした。ガハハハハハ！
３・11の震災を機に「パラダイムシフト」を唱える中で、食べないで生きることにも挑戦してみようと思い、自分の身体で実験し始めたわけです。それまでは、正直、食べないで生きられるとは想像もできなかったね。

そうなると、今までの栄養学とはいったい何だったのか？　３大栄養素を摂取しようだの、バランスの取れた栄養を取らないと病氣になるだの、いかにも食べないと健康に悪いと思ってしまう。「食べよ、食べよ」の大合唱が明治時代から始まってしまった。私も経験がありますが、食べた後は眠たくなって何かをしようという氣にはならなくなります。内臓は食べた物を消化するために働くので、エネルギーの９割近くを消費しているらしい。このように、あまり食べない方が本来は健康的なんです。

でもね、私が「不食」で生きられるかというと、まだ難しいだろうね。だって、食べることで人とコミュニケーションが取れ、みんなでワイワイガヤガヤと歓談することは、やっぱり楽しいでしょうが。私も２０１６年で古稀です。ホコリはさて置き、誇りで生きていくべかな(笑)。

節食でサーチュイン（長寿遺伝子群）を活性化させる

２２００年前、中国の始皇帝の目標は「不死の妙薬」を手に入れることでした。不老長寿は人類の果てしない夢です。日本の百寿者（百歳以上の人）も１８７０年は３１０人で、２０１４年には５８８２０人にまで増えているので１４４年間で１８９倍にも伸びています。（出典：厚生労働省労働局高齢者支援課報道資料）

１９３０年代にはコーネル大学、１９９０年代にはマサチューセッツ工科大学がそれぞれ「サーチュイン」という長寿遺伝子群の研究をしていて、これは普段は休眠状態でありながら、摂取カロリーを制限することで働きがＯＮになる研究結果が出ています。１９８９年、ウィスコンシン国立霊長類研究センター（ＷＮＰＲＣ）が、人に近いアカゲザルの研究結果を２００９年に「SIENCE」誌に発表しています（www.ncbi.nlm.nih.gov/pubmed/19590001）。

それによれば、76頭のサルを２つのグループに分け、一方にはカロリー制限せずに餌を食べさせ、他のグループには摂取カロリーを30％減量して両者の違いを測定しています。結果として、外見は節食組みが若々しく、飽食組はかなりの老け方で、青年と老人ほどの違いが見られた。生存率は節食組みが飽食組みより１・６倍も高かった。死亡原因は節食組みが自然死が多く、飽食組みはがん、糖尿病、脳萎縮、心臓病が多かったそうです。

一方、アメリカの国立老化研究所では１９８７年から20年以上をかけて同じような手法で、食事の摂取とサーチュインの研究が行われて、ＷＮＰＲＣと相反する結果が生じたそうです（掘毅「現代養生論」中央学院大学人間・自然論叢）。

最近、「不食」が浸透し始めているわけですが、その「不食者」が果たして何歳まで生きれるのかという証拠はまだないわけです。ヒマラヤ聖者の年齢が数百歳と言われていても、私は実際に見ていないですからね。いずれにしても、今後どうなるのかという興味は尽きませんね。

クローン羊・ドリーが示す可能性

カロリー制限の威力を証明した最たるケースは、有名なクローン羊・ドリーのクローニング(動物の複製)でしょう。ドリーについては『第二の創造』(イアン・ウィルマット他、岩波書店)、『クローン羊ドリー』(ジーナ・コラータ、アスキー)などに詳しく書かれています。1個の受精卵が生まれた当初は、その中のすべての遺伝子がオンになり細胞分裂を繰り返す。各種の組織や臓器が形成されると、あとは特定の部位だけに働く遺伝子だけ残して、すべてがオフになる。機能が停止した細胞から新たに別の生命が誕生することは不可能と思われていたわけです。その定説を覆したのが、1個の体細胞から1匹の羊が誕生したクローニングです。この時、乳腺細胞の培養液の濃度を10パーセントから0・5パーセントに二十分の一も薄めたんです。これは要するに、人間の断食と同じようなものです。この超希薄液の中で、それまで機能が停止していた遺伝子が再活性化され、あらゆる臓器を作り出して、ついにドリーが誕生してしまったわけです。

不食は人類の大きな希望であることは間違いありません。今後も世界的な異常氣象が続けば、農作物にも影響は出ますし、最近は陸海空で動物の大量死も始まっています。いつまでも飽食の世の中が続くわけがない。その時、微食、少食、不食などに身体が慣れている人たちは、うまく乗り越えていくことができるはずです。相変わらずにたくさん食べないと満足できない人たちは、食糧危機が来たらかなり苦しい思いをするでしょうね。

世界の長寿村の食事

栄養摂取量は少ないほど、生命力も高まります。

私は日頃、豆乳ヨーグルト、蜂蜜、「あらびき茶」の三つで健康促進を勧めています。ただ、毎日のようにお客さんが全国から訪ねて来て、その時は、普通の食事でおもてなしをしていますが、その食事内容はいたってシンプルです。多分、長寿者の多い村の人たちと大差はないと思いますね。

世界三大長寿村といえば、フンザ（パキスタン北部）、アゼルバイジャン（旧ソ連のコーカサス地方）、ビルカバンバ（南米エクアドル）。

たとえば、フンザ人の食生活は、朝はチャパティ（全粒粉の小麦パン）と野菜とラッシー（フンザ特有のヨーグルト）で、昼は季節の果物とお茶。夕食は朝食とほぼ同じで、実質的には

昔ながらの素朴な日本食。どれもが素材にこだわっている。

1日2食です。肉食はほとんどなく、たまに岩塩を使う以外は味付けはしない。朝食前に野良仕事をして長い坂を往復し、食事の時以外は終日、畑で働く生活です。その土地で採れる穀物や野菜が中心の穀菜食で、身《しん》土《ど》不《ふ》二《じ》（地元の旬の食品や伝統食が身体に良いこと）の原則に沿っています。

　このフンザでは、１９２０年代、インド国立栄養研究所所長のロバート・マッカリソンによって興味深い実験がされたことが、森下敬一氏の『シルクロード長寿郷』（出版芸術社）などで紹介されています。

——健康なシロネズミを約１０００匹ずつ、三つのグループに分けて、それぞれにフンザ食、インド食、イギリス食を与え、27ヶ月間（人間の寿命で50歳に相当する）飼育して、その後で病理解剖して比較検討した。飼料は、フンザ食では、チャパティ、もやし、生人参、生キャベツ、生牛乳（無殺菌）。インド食では、米、豆類、野菜、肉などインド人の日常食で、調味料も使って料理。

イギリス食では、白パン、バター、ミルク、砂糖入り紅茶、野菜の煮つけ、缶詰の肉、ハム・ソーセージ、ジャム、ゼリーの類。

その結果、フンザ食のネズミはすべてが例外なく健康。インド食のネズミは、多くの例で眼疾、潰瘍、不良歯、脊柱後湾、脱毛、貧血、皮膚病、心臓病、腎臓病、胃腸障害などが認められた。イギリス食のネズミは、大半がインド食の結果と同じようで、他にも神経系までが犯されて凶暴化し、お互いにかみ殺し合う光景が見られたそうです。


きのこちゃんが、「スターピープル55号（２０１４年夏）」で「日本の食品業界の現状は、食品添加物まみれです。規制も甘いですし、昔から薬物の人体実験状態です。その結果、感情を司る前頭葉がおかしくなってしまっているかもしれません。今の日本は、民族まるごと奴隷のようなひどい状況で、これは洗脳だけでは辻褄が合わないような氣がします」と語っていたけど、これはその通りだと思いますね。西洋人の海外進出の植民地のやり方や、インディアンの虐殺でもそうですが、この場合の西洋人の性質と食事内容とは大きな相関性があると思えます。最近の日本社会での凶悪犯罪事件でも、間違いなく食事にも原因があるでしょうね。日本でも、どうしようもなく荒れた手のつけられない学校が、給食の内容を変えたら、格段

プラーナ栄養学研究者、映画監督、音楽家など多彩な肩書きを持つジャスムヒーンさん。

いつも愛に包まれながら愛とともに生きている弁護士で医師の秋山佳胤さん。

「プラーナもいいけどさ。やっぱり卵かけごはんは美味しいよ！」

に改善した実例もありますからね。

「人」＋「良」＝「食」となるように、「人間にとって良い結果」＝「健康」になれる食べ物こそが、本物の「食」であると言えます。

食べる快感 VS 食べない快感

断食をした方は誰でも経験があると思いますが、辛いのは最初の頃だけです。強烈な空腹感が襲ってきても我慢していると、やがてその空腹感が嘘のように消えてしまいます。そして、身体が軽く感じて、意識がずっとクリアになります。眠たくなくなり睡眠時間も少なくて平氣になります。私たちの大半は生まれてから食べることしか体験していないので、食べることによる快感しか知りません。だから、食べ続けることが当たり前になってしまっていて、それを疑問にも思おうともしません。でも、もしも食べない体験をしたことで、その快感を知ってしまったらどうでしょうか？

オーストラリア人女性のジャスムヒーンさんという方は、20年以上もプラーナで生き続けているそうです（www.jasmuheen.net/）。彼女の書かれた『神々の食べ物』（ナチュラルスピリット）を読んで、徐々に減食しながら不食の人になられた秋山佳胤さん（弁護士、医学博士）が「スターピープル47号（２０１３年11月）」でも語っていましたが、不食の快感を知ってしまうと、止められなくなるそうです。

私はまだ１日１食ですが、秋山さんのおっしゃる快感が、なんとなく想像はできるんです。秋山さんは間違いなく、食と不食の間にある欲という峠を越えて、こちら（食欲）の世界から、あちら（不食欲）の世界へ行ってしまったんだろうと思えます。私もいつの日か、その境地に到達してみたいとは思っています。

でもね、毎日毎日、全国からの千客万来で、つきあいでどうしても食べないといけないものでね、やっぱり不食の世界はまだまだずっと先の話かも知れませんな（笑）。

子どもの少食や不食について

食べ盛りの子どもについて、少食や不食はどうなのか？

食べ物は、いかに効率よく消化吸収されるかという点が大切です。たくさん食べても、栄養分やミネラルの吸収率が悪ければ、排便量が増えるだけです。たくさん食べればいいということでもない。量より質です。

ここで大事なことは、噛むことです。

♪噛んで、噛んで、噛んで、噛んで、
噛んで、噛んで、噛んで、噛んで、噛んで。
唾液で、唾液で、唾液で、溶かす〜〜うぅぅ♪
（１９７８年、80万枚の大ヒット曲「夢想花」のリズムで）

食べ物を口に入れたら、箸を置かせて噛むことに専念させることです。満腹感は「噛んだ回数」と「唾液の分泌量」で決まります。食事による「血中の栄養分」が増加することで満腹感を感じるわけではないことを、よく憶えておいて下さい。このことを親はしっかりと認識した上で、子どもに指導して下さい。これが親の役目で義務です。

一口入れたら、できれば目標は１００回噛みです。私は仙人になることを目指しているから、目標は２００回です。でも、なかなかできないけどね（笑）。

仙人道　ほとんど食べないで生きる方法

3・11の前の私は不摂生な時期があって、当時の体重は68キログラム。誰が見てももメタボ爺さんでした。3・11以降、生玄米を100回咀嚼してみたところ、体重が減り続けて、今では59キログラムです。この生玄米と豆乳ヨーグルトを摂取する食生活を仙人道と名づけました。目的は放射能対策のためです。

今では、ほとんど食べなくても、体重が59キログラム以下には落ちない。その理由は腸内で乳酸菌主体の発酵微生物が猛烈に繁殖しているからです。腸内の微生物は蛋白質と脂肪の塊なので、この腸内微生物の死骸が、私の体力を維持する栄養源になっているわけです。ほとんど食べない生活＝仙人道。これは、放射能時代には是非、お勧めしたい！

ドイツのテレビ局が福島を取材して述べたことは「これは食べ物ではなく放射性廃棄物だ。文明国のやることとは思えない」と。この厳しい現実が、3・11以降、日本列島全体に拡大して拡散し続けています。やがて日本中の食べ物が、もはや食べ物ではない放射性廃棄物となるでしょう。今後、2万4000年も消えない黒い雪が、日本列島に降り積もっていくからです。しかし、悲しいことに、それでも大半の日本人は放射性廃棄物を食べていく。なぜなら、他に食べる物がないからです。

それではいったい、どうしたらいいのか？

その第一歩は、覚悟を決めること。つまり、考え方や生き方を１８０度変える。「パラダイムシフト」です。小出裕章氏（元京都大学原子炉実験所助教）も言ったように、「３・11以降、世界が一変した。今までと違う世界に生きる覚悟で生き抜いていくしかない」ということです。

40～50年前、高度経済成長の前の日本は貧乏でした。食べる物も少なく、常に飢餓感があった。東京オリンピックの後、日本は急速に豊かな社会に変貌してゆきます。その豊かさは物質的な豊かさで、相反するように旧き良き日本人の精神は劣化して行きます。飽食の世の中、テレビではグルメ番組が増え、視聴者も食べ過ぎで生活習慣病になっています。いまや日本人は、老衰ではなく生活習慣病で死ぬようになっています。

その反動で、ここ数年来、粗食・少食の時代が到来し、少食の人ほど健康で長生きしています。

仏陀や空海は、当時からそこに言及していました。数十年前から、超小食でがんや難病を治して来られた大阪の甲田光雄氏（医学博士。元日本綜合医学会会長）は、たくさんの書籍を著されて、少食の威力と素晴らしさを啓蒙されました。そのお弟子さんの森美智代さん（森鍼灸院院長）は、１日に青汁1杯だけを飲む生活で22年も生き続けているそうです。新潟の山田鷹男さん（実践思想家）、秋山佳胤さんなどの活躍で、食べない生き方＝「不食」が、いまや社会に浸透し始めています。俳優の榎木孝明さんも不食生活を試したというニュースが流れましたね。10年前なら考えられないことです。

つまり、少なくとも人間は「ほとんど食べなくても生きられる」ということです。この考えがじわじわと浸透し始めています。誰もが「不食」を目指す必要はなくとも、少食のレベルにまで身体を進化させておくことは、きっと今後は役立つはずです。いずれにしても、あと10年もすれば、食に対する世界の常識は大きく変化していると思いますね。

生玄米81粒咀嚼法

私が生玄米を食べる時、ある工夫をします。その秘法は次の通りです。

まず、生の玄米81粒を1時間、舌下錠のように口に含みます。

30分も経つと、生の玄米が口の中でふやけていきます。

生の玄米に付着していた乳酸菌や光合成細菌や酵母が口の中でどんどん増殖します。

口の中は微生物が増殖した唾液で一杯になります。

清澄な山の霧(霞)を仙人が口中に溜め飲み込む感覚です。

その感覚がわかったら、唾液だけをゆっくり飲み込みます。

そうして1時間後、ふやけた玄米を、ゆっくりゆっくり奥歯で噛みます。

噛んで、噛んで、噛んで、噛んで、噛みしめます。

すると唾液で口の中が一杯になるので、唾液だけを飲み込みながら、噛んで、噛んで、噛んで、噛んで、2時間以上噛みしめます。

やがて玄米は、口のなかでドロドロした醪になります。

この間に飲み込んだ唾液が１８０ccを超えた頃、満腹感が出てきます。

たったの81粒の生玄米と唾液で、人間は満腹します。

さらに、噛み砕かれた生玄米と唾液は腸内で膨大な数の微生物に大変身します。

これが腸内フローラです。健康な人間の腸内には４００種を越える、総数で約１０００兆個もの腸内細菌がバランスよく住みついていると言われています。

満腹感を感じる秘法

よ～く噛んだ後、唾液の分泌を促進する秘法を公開しましょう。

舌を上唇の下に伸ばして、上の歯茎を右から左、左から右へと舐め回します。すると、唾液が口の中の唾液腺から分泌し始めます。舌なめずりに習熟してくると、最初は少量でも、やがて大量の唾液が口内に分泌されるようになります。この唾液を、口内に溜めながら噛む。唾液を噛んで噛んで噛んで、噛みまくるのです。やがて、噛んだ回数と分泌された唾液の量が極大になり、満腹感に満たされます。

噛み抜かれた大量の唾液が腸内に達すると、腸内微生物（細胞体）が激増します。その構成成分である蛋白質と脂肪・脂質は、別のバクテリアによって分解され吸収されて、血中の栄養分が実際に増えてきます。ただし、腸内微生物を構成するミネラル分は口から摂取することが必須です。そのミネラル分は、「あらびき茶」をガブ飲みするだけで充分に摂取できます。

　つまり、人間は、「あらびき茶」だけで生きて行ける！

ルイジ・コルナロ　「極少食」で１０２歳を生き抜いたイタリア人

　ルネサンス（文芸復興）の16世紀半ば、すでにヴェネツィア共和国には健康・長寿を可能にする食生活の指針を世に知らしめた、一人の貴族がいました。彼の名は、ルイジ・コルナロ（１４６４〜１５６６年）。彼の生きた同時代には、レオナルド・ダ・ヴィンチ（１４５２〜１５１９年）やミケランジェロ（１４７５〜１５６４年）がいたものの、彼らは当時、貴族の使用人で影の存在でした。コルナロは貴族として世襲的な名声があり、食をテーマにした書き物が国内外で大きな反響を呼び、ヨーロッパでは有数の有名なイタリア人でした。

　彼は若い頃の暴飲暴食生活が災いして、重い生活習慣病を患います。医師団から、最小限の食事量に徹する以外は助かる見込みがないと言われ、彼は「極少食」に切り替えて健康体を取り戻し、物心両面で豊かな人生を謳歌しながら、当時では異例の１０２歳で天寿を全うしました。晩年まで、目も歯も耳も足腰も声の張りも良好で、穏やかに息を引き取ったそうです。哲学者のフランシス・ベーコンや、コーンフレークの生みの親であるケロッグ医師、グラハム粉（小麦の全粒粉）のシルベスター・グラハムなども、コルナロを引き合いに出しているそうです。

ここ数年、少食がブームになっていますけど、５００年近くも前に、すでに少食の効能を説き、書物として残していたわけです。『養生訓』の貝原益軒（１６３０～１７１４年）より１世紀半も前に少食の大切さを啓蒙していて、その道の先駆者と言えます。彼の食生活から学ぶべき教訓は、植物性食品を摂る食生活をした少食者は、死ぬ時に苦しまないということです。少食でも動物性食品ばかり食べた人は、彼のような死に方は難しいと思います。

生きていて何が辛いかというと、病氣になることほど苦しいことはない。そうならずに安らかに死んでいけるのが、コルナロ流少食の強みだと思います。彼は１０２年の人生を通して、私たちにそのようなメッセージを残してくれています。

彼の講話とその解説がまとめられた『無病法』（ルイジ・コルナロ、中倉玄喜編訳・解説、ＰＨＰ研究所）はとても参考になりますので、お薦めします。

第12章　歩く

賢人たちも認めたウォーキングの効能

7年前、和歌山市に出張した時のことでした。働き過ぎたのか悪寒がして熱っぽく、風邪で寝込んでしまう予感がした私は、和歌山市内を歩き廻り、和歌山城も高速歩行で一周しました。猛烈に汗をかいた後、氣が付くと悪寒が解消するどころか、風邪の症状が完全に治癒していた経験があります。ウォーキングによって、体温は2度近くも上がって、血液の循環も活発になった結果、身体のあらゆる細胞に新鮮な血液が送りこまれた。これで免疫力は格段に上昇して、風邪の症状も消えてしまったわけです。私は当時、重症の高脂血症患者だったので、ボヤボヤしていると血管が詰まってしまい死に直結してしまう。有酸素運動としてのウォーキングをしっかりと実行すれば、血中の余分な脂肪分は見事に燃焼してくれます。私にとって、歩くことは延命治療でもありました。

人類は昔から、朝起きると1日中、食べ物を探して歩いていたわけで、この生理学的パターンは遺伝子に刻印されています。体を動かさないと、その反動でさまざまな弊害が身体に現れます。多くの歴史的な著名人たちが遺した、歩く効用を讃える貴重な言葉の数々を、前掲書『無病法』の解説から幾つか引用させていただきます。

「歩きは最良の薬である」（ヒポクラテス）
「是うごく者は長久なり、うごかざる物はかへって命みじかし」（貝原益軒）
「ウォーキングは最良の運動である」（トーマス・ジェファーソン）
「要するに、歩け！　歩いて健康と幸福とを手に入れよ。私の場合、もし速足で歩くことができないとしたら、おそらくすぐにも廃人になることだろう」（チャールズ・ディケンズ）
「夕食の前にも夕食の後にも、しばし歩き給え」（エラスムス）
「真に優れた思想はすべて歩くことから生まれている」（フリードリッヒ・ニーチェ）
「考えがはっきりした形をとるのは、歩いているときである」（トーマス・マン）
「一日に少なくとも四時間歩くことがなければ、私は心身の健康を保てないだろう」
（ヘンリー・ソロー）

血流が良くなると腸内微生物が増殖する

私は面白い発見をしたことがあります。ある日、早足ウォーキングで衣服がビショ濡れになるほど汗が出たので、帰って衣服だけの重さを正確に計ったら、約５００グラム。だから、この分だけ体重が減ったはずだと思って裸で体重計に乗ってみたら、５００グラムも体重が増加していた。体重が減るはずなのに、増えていた。

私は豆乳ヨーグルトのお陰で、腸内環境は完璧に近いです。だから、運動で体温が上がり血流が良くなると、腸内微生物が格段と増えてくる。それは、お腹がゴロゴロと鳴ってくるので良くわかります。つまり、ウォーキングによって腸内細菌が格段に増えているわけです。これが、減るはずの体重が増えるということの理屈です。豆乳ヨーグルトなどで腸内に微生物が増えたら、これを体内の全身に運ばないことには、宝の持ち腐れになってしまいます。マクロファージやＮＫ細胞といった免疫細胞の宝物を全身に運んでくれるのは血液で、その流れこそが血流です。血流を作るのは、体内にあるポンプの役目です。人間の体内には、実は六つのポンプがあります。各ポンプ名の下の説明は、それぞれのポンプの鍛え方です。

1. 心臓……………急坂上がりウォーキング
2. 脹脛《ふくらはぎ》＝第二の心臓……大股・早足ウォーキング

3．横隔膜＝第三の心臓……1時間に1回の深呼吸。

4．氣力…………何事も氣張って行動すると血行が良くなる。

5．笑い…………ひたすら笑う。怒りたい時も笑い飛ばす。

6．足上げ………1日1回 のゴキブリ体操。

どのポンプも鍛えて実践すると、血流が大幅にアップします。より健康になるには、心臓というポンプだけでは血流が十分ではない上に血行不良になりやすい。だから、他の5つのポンプを毎日鍛えながら活用する。すると、治らない病氣、医者がつくった病氣、自分が作った病氣も改善して治ってしまいます。是非、試してみて下さい。ね、皆の衆！

第13章　太陽

太陽凝視で人体実験

人間、愉快に生きることが大事です。私を訪ねて来られる方や電話を下さる方で、「飯山さんの元氣を分けて下さい」という人たちがずいぶんといます。でもね、私がこんなに元氣になったのは、３・11以降のこの5年ほどです。その理由はいろいろあって、運動で歩いたり、小食にしたことなどですが、中でも最も効果的なのが太陽凝視です。

今までの医学的常識では、「太陽は直視してはいけない」「網膜が焼けて失明する」などと言われ続けてきました。でも、私は毎日、30分前後の太陽凝視をしています。

２００５年、太陽を食べる男・マネクさんの存在を知りました。彼はどうやら太陽のエネルギーを体内で栄養に転換しているようでした。昔、中国の黄山を訪ねた時に１０２歳の仙人に偶然会うことができたのですが、その老師は座禅しながら太陽を視ていました。仙人は霞を食べると言われますが、もしかしたら仙人は太陽エネルギーを栄養にしていたのかも知れません。3・11の震災以降、私は「パラダイムシフト」を提唱していく中、太陽凝視の常識にも挑戦してみようと思ったわけです。

分子生物学の分野まで考えた上で始めたので不安はなかったです。最近の医者はこの分野をほとんど知らない。「これは間違いなく身体に良い。医者の説は間違っている」と絶対に信じて疑念は持たないように自分の考えをリセットしてから始めました。実験は多少でも疑念があるものですが、物事を始める時に、テストしてみて良かったらやろう、というのは必ず失敗します。だから、私の太陽凝視は実験ではなくて、実行であり実践です。（編者注：読者の方が太陽凝視を試される場合、自己責任にてお願いします）

自分の存在を大きく変革してしまう太陽のパワー

でもね、不思議なことに精神、細胞、体質、生活が変わって、私の存在自体が以前とは大きく変わってしまったんです。それまでのかすみ目も治ってしまいました。それから大切なことは、「太陽凝視は身体にプラスになる」と思ってやること。そうすると本当にプラスになります。人間の想念の力というのは、想像以上にすごい威力があるんです。

分子生物学ではメラトニン、β－エンドルフィン、セロトニンなどのホルモンが生成されると知識では知っていましたが、実際に眠くなります。これはメラトニンの効果です。

30分を目標に凝視を始めたのに途中でいつの間にか寝てしまって爆睡すると、夜の睡眠時間は少なくて済む。そして、氣持ち良くなって愉快になる。これはβ－エンドルフィンやセレトニンの効果です。

「太陽光線は危険だなんていう常識を何十年も信じ込んできた俺ってのは、いや〜、馬鹿だったな〜、ワハハハハハハ」と、自分を笑うもう一人の自分が生まれて、その二人の精神的な会話が脳内で始まってしまう。つまり、自分を見つめるもう一人の自分が出現したわけです。これは精神的にはとても大きな変化でした。始める前はイライラやモヤモヤとした感情も人並みにあったのに、最近は毎日、瞬間瞬間が至福感に満たされていますね。不思議なことに、始めの頃は肌は陽に焼けていたのに、途中からは焼けなくなってしまいました。太陽凝視は危険であるという定説には、何か人為的な思惑が感じられます。

太陽凝視で松果体が活性化するメカニズム

松果体が活性化すると人の意識が覚醒してしまいますから。世界はわずかな一部の勢力が牛耳って支配していると陰謀論では言われていますが、もし、世界中の大衆が目覚めてしまうと、大衆をコントロールできなくなります。人間が覚醒するための秘密の一つは、間違いなく太陽凝視にあると思えます。私がたったの2ヶ月でこれだけ変化してしまったのは太陽凝

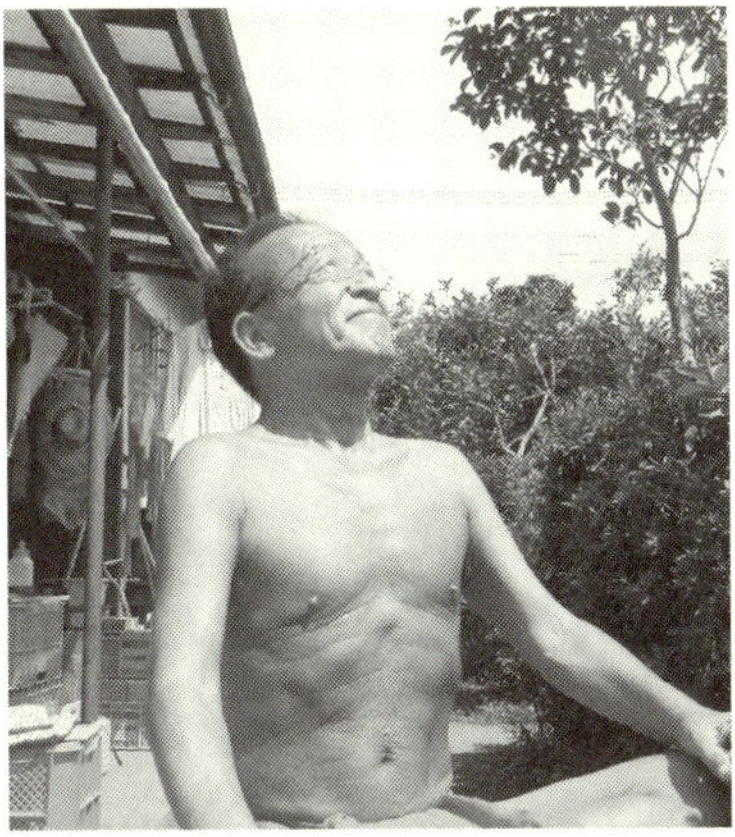

毎日30分の太陽凝視。「人間の眼球の視床下部から脳の松果体までの構造は、隠れたソーラーシステムだと思うね」

視のお陰ですし、この効果は想像以上に大きかったですね。この経験を通じて、私は太陽凝視の秘密を世界で初めて解明できたと思っています。

その説は、「スターピープル48号（２０１４年１月）」ですでに語りました。

脳のど真ん中にある非常に小さな臓器の松果体（第３の目）は、分子生物学では不思議な分子構造になっていてさまざまなスピリチュアルな働きを促すホルモンが生成されるそうです。これは私の仮説ですが、松果体の細胞構造が強烈な光のエネルギーを分散したり弱めるのではないか？　太陽を見つめる瞬間、人間の瞳孔がカメラのレンズの絞りのように働いて、吸収する光がグッと弱まる。それでも光は細くなった瞳孔から奥に射し込んで網膜に直射する。ところが驚くことに、網膜～視床底部～モンロー菅～松果体の各細胞の表皮粘膜構造が凸面鏡になっているんです！　つまり、

「太陽光線の一番強い時間に、メガネをかけて凝視をするんだけど、いつも途中で爆睡しちゃうんだよね」

拡散作用がある。拡散した光が拡散現象を繰り返しながら奥に到達するまでの間には、適度に柔らかくて、人間の身体に支障を与えない波動だけになっている。適度に弱められた効果的なエネルギーを目の奥の細胞たちが利用している。これが太陽凝視の秘密なんです。

大量の脳内ホルモンを生成する太陽凝視

鬱の原因はセレトニン不足です。そのセレトニンは夜になるとメラトニンに変化して、眠りを誘因します。β-エンドルフィンは快楽ホルモンです。これらのホルモンが太陽凝視で生成されます。最近、太陽凝視の角度によって、β-エンドルフィン、メラトニン、セレトニンなどのホルモンの生成（特にメラトニン）が左右されているということに氣がつきました。ところが、始めて10分もすると眠ってしまいます。目が覚めた直後は記憶がないような状態で、それほどに大量の脳内麻薬が出ているとしか思えない。太陽が作る脳内ホルモンはすごい！〝眠りに落ちる〟という言葉は本当にその通りだと実感します。私のブログでも販売をしている焼酎の「華奴」にも、眠れる効果があって、含まれているミネラルが眠氣を誘因しているようです。「華奴」を一杯飲んで太陽凝視をしたら、爆睡間違いないでしょうね。短時間で十分に睡眠が取れると、夜中に寝る必要もほとんどなくなるので、その空いた時間をかなり有効活用できます。太陽凝視で松果体や脳幹部には間違いなく変化が起こっているはずです。これを上手く活用すれば鬱病が30分で治ってしまいます。過去に何人かの鬱病者で試したことがありますが、鬱が嘘のように、全く別人のように変化してしまいました。

超人の視力を得る

ロートルエンジニアを自称する京都在住のＫ氏は、私のファンの中のお一人です。彼が先頃、不思議な電子回路の基盤を送ってくれました。それは、７色のＬＥＤランプが発光するだけのシンプルな基盤です。７色とは、紫、青、青緑、緑、黄、橙、赤。つまり可視光線の色です。そして８色目に、４００ナノメートルの紫外線が出るＬＥＤランプがあります。

太陽凝視をした後にこの電子回路の基盤を見ると、可視光線の幅が30～80ナノメートルほど広がることがわかりました。黄色のＬＥＤランプが赤色に見え、青色のＬＥＤランプは紫色に見えてくる。紫外線ランプも鮮やかな紫色に見えてくる。元の色がまるで変わって見えてしまう。つまり、太陽凝視によって、普通の人間には見えない光線が見えるようになるわけです。普通、人間の目に見える光線（可視光線）の幅は非常に狭く、紫外線や赤外線を見ることができません。つまり、超人の視力を得ることができるということです。そういう超人の視力を持った人間が世界には大勢いて、それが太陽凝視の効能だと見破った学者はいないようです。

ミツバチの晴天の日の飛び方は、ジェット機のように早い。甘い蜜のある花を一瞬で発見し、一直線に飛んで行きます。これが可能な理由も、彼らは太陽を見て、紫外線を浴びて、視力と可視光線の幅を広げて、目標の花蜜を一瞬で見抜くからだと思います。

第３部

心

己を愛し、隣人を愛し、国を愛し、
世界を愛し、地球を愛する

第１章　不《ふ》撓《とう》不《ふ》屈《くつ》

ブログを命懸けで書き続ける理由

私はよくブログの読者の方々から、「よく、あんなことが書けますね！」「命を狙われませんか？」と言われます。そこまでしてブログを書き続けている理由は、私の大切な家族と親友たちに本物の情報と生き方を示したいと思ったからです。それを続けている内に、かなり多くの同調者、同意見の方々が私を励まして下さるようになってきました。

それなら、応援して下さる読者の皆さんにお返しとして励まそうじゃないかと。私はあまりにも励まされたもので、最近、髪の毛が薄くなってしまって、大分、禿げてしまいましたがね。ワハハハハハ！

私の考え方や生き方、情報に関しては、常に検証しながら何度もチェックしてから発信しています。何年も毎日、ブログを書いていますから、それはいろいろなことがあります。病氣に関するご相談の電話もとても多くてね、電話口で泣かれるのが一番つらいです。

別のつらさは、ブログを書かないと深夜の1時頃に読者から催促の電話がかかってきたりすることがある。待って下さっているんですね。だから、1年３６５日、休めないんです(笑)。私は昔、某政治家の圧力でサーバーを全部、２度も消されたことがありました。でも、あの頃からは私もかなり進化していますし、ブログの読者の方々も格段に増えています。いかなる圧力をかけられようが、そう簡単にはやられませんよ。ワハハハハハ！

私はブログでは絶えず予想を書いています。現状を認識し将来を予測して、その対策案も必ずセットにして書いています。今までに外れた将来予測は、トヨタ自動車の倒産くらいのものでしょうかね。ただ、人を見る目に関しては自戒せねばならない点もありましてね、もっと眼力を鍛えねばならないと思っています。

ところで、私が管理しているサイトの合計アクセス数は、おかげさまで２０１６年には1億アクセスは超えると思われます。最近は特にアクセス数が増えていて、その理由は、やっぱり本当のことを読者は知りたいからです。私は別にアクセス数にはあまり関心がなかったんですが、氣がついたらこうなってしまっていました。

私は、「スターピープル56号（２０１５年秋）」から、「飯山一郎の〝新日本建国神話〟」という連載を始めました。この第1回目のタイトルが「国やぶれて 山河なし」。いきなりフクイチの放射性水蒸氣をテーマにした記事を掲載してもらったんです。

ただね、原稿は実は他にも3点ほど用意していて、その中から敢えて放射性水蒸氣の原稿を提出したんです。なぜなら、一人でも多くの方に知らせたかったからです。

その記事で私が最も伝えたかったこととは、中性子線を出す核種が沸騰して水蒸氣となり、超微粒子となり大氣中に放出されて、それを日本列島に住む日本人が吸い込んでしまったということです。そして、外国にも飛散してしまった。だけれども、そのテーマの原稿が掲載できるかどうかは、私も正直なところ、半信半疑でした。

私の書いた原稿を担当者の方に送ったところ、彼は一切の手直しを入れずに、会社にそのままの状態で送ってくれました。ただ、彼も半信半疑だったらしく、私は彼に次のように電話で話しました。

「この原稿が掲載できるかどうかは、御社の社長の判断次第です。活字としてこの記事を掲載すれば、ある程度の誹謗や中傷は覚悟しなければなりません。でも、後で必ずやその勇氣を認めて評価してもらえる時が来ます。

私が3・11の後、ブログであれだけ裏の裏まで書きたい放題に情報を発信してきた結果、悪口や中傷も確かにあったけれど、それをはるかに越える多くの読者の方々から、『よく書いてくれましたね！』と感謝されたわけです。俺のやったことは間違っていなかったんだと。あんなに嬉しかったことは久し振りでした」

その後、結果として私の原稿の通りに記事として掲載されたわけです。

社長もかなり悩まれたとお聞きしましたし、原稿を書いた私にしても、担当者にしても、それぞれが清水の舞台から飛び降りる覚悟でいたわけです。みんなの連携プレーがあったからこそ、この記事も陽の目を浴びたと言えます。実際に何人かの読者の方々は、放射性水蒸氣の事実を活字に残したことを評価して、とても褒めてくれました。これもまさに命懸けだと思うんです。

ところで、私は、講演会や人とお会いする時などは、自分のことを「私」と言いますが、ブログでは「鷲」と表現しています。

「鷲」になって空を飛び、空から見える映像。それは鳥瞰図です。

世界を観察する場合、まずは鳥瞰図で見る。次に虫瞰図で見る。そして次に、蟻みたいに地面を這いまわりながら必死に生きていく。逞しく、したたかに、しなやかに、生き抜いていく！　生き残る！　これが私の生き方であり、物の見方であり、世界観です。

上から目線は排除し、まずは鳥瞰図で世界を見渡していく。そういう自分を呼称する場合、「私」ではなく「鷲」と表現します。だから、「鷲」が書いてきた世界の見取り図は、実際の生活=実践には大いに役立つはずです。少なくも世界の動きを見誤ることはないはずです。

闘う老人　武勇伝

私のブログのトップ画面は、たまに模様替えすることがあります。今は「薩摩の黒豹」としていますが、その前は「闘う老人」と謳っていました。私は普段はいたって優しい好々爺ですが(笑)、人の道から外れるような事実があると許せなくなってしまうんだね。栃木にいた頃から「困った時の飯山さん」というあだ名が付けられてしまうくらいで、その氣性が今の日本救済の活動にもつながっているんだろうと思います。もっとも、微力な私なんぞ、できることはたかが知れているんですけどね。

私の著書『横田めぐみさんと金正恩』が出版された時、街宣右翼が東京と大阪から街宣車を連ねて、私の鹿児島の家に来るという情報が入ったことがありました。街宣車で人を脅すような連中の大半はヤクザ上がりのチンピラで、人を脅しては金品をせびるのが連中の常套手段です。私はそんなことに屈するつもりもないですし、情報をくれた方に「待っているから、来るなら来てみろと連中に言っておいて下さい」とお伝えしました。そうしたら、私を支持してくれる方たちが何人もいて、「月刊日本」と「みち」がそれぞれに誌上で私を擁護する記事を書いて下さいました。結局、街宣車が来ることもなく、それで一件落着でしたね。

栃木にいた頃、資産家で氣弱な性格の人を助けたことがありました。こういうタイプがヤクザにとっては格好の標的なんです。そうしたら、ヤクザの親分が私を煙たがって邪魔だとい

「人様に喜ばれることほど生きがいを感じることはないね。これからは人類の母・地球のためにご奉公させていただきたいですな！」

うことになり、ある日を境に、私の周辺は険悪な空氣が流れ始め、私が行く先々にヤクザがちらつくようになってしまった。これが連日のように続くので、私は意を決すると相手の親分に電話を入れて日時を決め、単身丸腰のままで組の事務所に乗り込みました。事務所に到着して親分に面会する前に、子分たちが身体検査をしたものだから、「親分が邪魔者扱いする堅氣の俺が、単身丸腰で乗り込んできたのにもかかわらず、身体検査をするとはどういうことだ！　貴様ら、それでもヤクザか！　任侠の心を知れ！」と言い放ったら、子分が「任侠って何ですか？」と答えたので、私は内心、これは自分の勝ちだと思いました(笑)。

会った親分は１８０センチメートル近くもあり、小柄な私は彼を見上げながら握手をしたんですが、彼は目を逸らせました。

私は、「親分、ま、そこに座ってよ。あ、申し訳ない。

それは親分が俺にいう言葉だよな。いや〜、親分、悪かったな……」と言ったら、お互いに笑い合ってね。

「ところで、親分。俺を邪魔だと言ったそうじゃないの。この町を仕切るヤクザの親分ともあろう者が子分の前でこの俺を邪魔だと言うのは、殺せと同じ意味に受け取るはねっ返しがいっぱい出て来るじゃないか。そんなこと、軽はずみに言ってもらっては困るんだな。俺がここに乗り込んでお茶を飲みながら、和氣あいあいとなったんだし。それだけが言いたくてここに来たんだけどさ」

その後、なんとなくお互いに笑みがこぼれてね、ふたたびハハハと笑ってね。それで終わり。交渉なんて、そんなものですよ。

今までにも数えきれないくらいの困りごとが持ち込まれて来て、そういう時は警察は当てにならない。もう、武勇伝を発揮する以外には解決の手立てがないわけです。そういうわけで、いざという時の護身術も若い頃からたしなみ、一応、合氣道は初段を持っています。でも、日本の武術は、柔術が柔道に変貌したように、型が重視されて形骸化し実践性が失われてしまっています。合氣道の初段を取得したものの物足りなくて、実践性をもっと追求するために密かに氣合術も修練してきました。これは身体と氣合が一体となった、死を覚悟して相手にぶち当たっていく、飯山流の護身術です。これは暇さえあれば今でも練習は欠かしません。

私の祖父や父が義侠心のようなものを持っていた人たちで、自宅にも義侠心を持った人たちがよく遊びに来ていたものです。そんな彼らが自身の武勇伝を語っていて、私はその具体的な対処法なども聞きながら育ったので、そういう影響はあると思います。これからは講演会などで出かけることも多くなるでしょうが、いざという時の備えは常に怠らないようにしています。下半身もウォーキングやスクワットで足腰腿ふくらはぎを鍛えて、腹筋なども時間を見つけては行うようにしています。腕立て伏せは手の平から始めて、拳立て、5本指立て、4本指立て、3本指立てと減らして行き、目標は2本指立てです。指の力を鍛えておくと、いざという時に、相手の眉間へ目突きができますからね。取っ組み合った時、指で上着の袖や襟を掴んで相手の態勢を崩して、50以上もある人体の急所に指突きもできます。見落としがちですけど、指を鍛えることは実は大事なんです。

今まで、このことはブログでも全く触れてこなかったんですけどね。今回は読者サービスということで、ま、お教えしちゃいましょうかね(笑)。

あとは、見えない大いなる存在、霊的な存在への感謝も欠かしていませんね。そういう力にも守られていることを認識して、日頃から感謝の心とともに生きることも大切だと思います。こんな爺さんなのに、最近はあっちこっちで人氣者になってしまっていますけれど、(笑)、絶対に奢らないようにと常に自戒もするようにしています。

私自身、まだまだ人間的には未熟ですし、もっともっと己を磨かないといけません。昔、相撲の双葉山関（第35代横綱）が70連勝できなかった時、「われ未だ木鶏《もっけい》たりえず」という名言を残されましたが、私もまだまだです。こんなだみ声で話す始末ですし、鳩山由紀夫元総理みたいに優しく話せるようになれたらいいんですがね（笑）。

でもね、人の人生なんて、わからないもんだよ。まさか、この年でこうなるなんてね。ワハハハハハ！　いや〜、本当にありがたいことですよ。ね、皆の衆！

培養した乳酸菌への圧力の可能性

乳酸菌を自宅で培養する際、種菌になるのが玄米や米とぎ汁です。これらを使って非常に安価で簡単に乳酸菌が培養できてしまうわけです。この場合の乳酸菌とは、植物性乳酸菌で、動物性乳酸菌ではありません。この乳酸菌が人間の病氣を治したり予防してくれることは、間違いがないことです。これが広がってしまうと、医療も製薬も要らなくなるので、水面下では潰そうという動きが出てきています。

私の弟子の一人、きのこちゃんへの家宅捜査がその一例です。この意味することは、飯山一郎を潰すことによって、乳酸菌の広がりを潰そうという動きがあったということです。ＳＴＡＰ細胞があのような結末になってしまいましたが、あのオレンジジュースのような酸性液は乳酸菌液です。その秘密を知っていたS氏は変死してしまった。その直属の上司のN氏は、私の仲間が乳酸菌液を渡したO氏のいる熊本大学に戻ってしまっています。

ここ数年来、書籍やテレビなどでも乳酸菌が取り上げられることが多くなっていて、広まりの勢いが強いのは追い風で、とてもありがたいことです。ただ、わざと私をテレビに引きずり出して大恥をかかせて、犯罪者に仕立て上げて、乳酸菌へのネガティブキャンペーンを仕組んでしまえば、一挙に今の乳酸菌ブームは潰せます。まだ、彼らはそれを虎視眈々と狙っていると思いますね。もし万が一、私が犯罪者としてニュースに流れるようなことがあれば、そういう裏事情があるということです。

本者と偽者

よく、人を評して「本者」「偽者」と言います。その違いとは、その人物が「智慧のある国士」か否かの差です。知識のある人はたくさんいます。その知識が生活技術となって身体に定着しているのが智慧です。近隣諸国も含めた人間同胞、自分の文化を大切にする国士。自分の文化を大切にするということは、日本の文化の母体である中国も大切にするということです。そういう広い人間愛を持った国士。これが本者です。

私の故郷、栃木県出身の田中正造は、間違いなく本者の一人です。明治34年12月10日、日比谷において彼は明治天皇に足尾鉱毒事件について直訴したものの、警備の警官に取り押さえられて失敗します。しかし、東京市中は大騒ぎになり号外も配られ、足尾鉱毒事件の惨状は広く知れ渡ったわけです。その後、彼は財産のすべてを鉱毒反対運動に使い果たし、死去したときは無一文。死亡時の全財産は信玄袋一つ。中身は書きかけの原稿、鼻紙、川海苔などだったんだね。病死前には、小中の邸宅と田畑は地元の旗川村小中農教会に寄付していた。本葬は佐野町の惣宗寺で行われ、参列者は数万人とも言われました。彼の遺骨は栃木・群馬・埼玉県の鉱毒被害地計6箇所に分骨され、墓は6箇所にあります。私が彼の伝記から学ばせていただいたことはとても多いです。

私も本者になりたいとは思うんですけどね、まだまだその途上ですよ。

国士　村田光平氏

命を失う可能性が１００パーセントであっても、命を懸けて自分の国家や民族のために命と身体を投げ打つ考え方ができて、行動ができる人。これが国士です。

２０１５年の6月、東京講演会を終えてから、初めてお会いした村田光平先生は、ひと目見て、国士だと感じました。お会いした経緯は、村田先生から私のフクイチに関する話を聞いてみたいとご連絡があったからです。村田先生は大変な天才老人で、その聡明きわまりな

村田さんが自費で作成した小冊子『現代文明を問う』（2006年8月）。中国語訳も収録されている力作。

い理解力には舌を巻きました。私とたいして背丈は変わらない小柄な方ですが、お話していて、目の輝きがとてもきれいなことが印象深かったです。村田先生はフランス、アルジェリア、セネガル、スイスなどで公使や大使を務められた方で、日本の叡智を代表される人物のお一人です。官僚の中では村田先生の存在は極めて珍しいと思います。

　私が村田先生に日本の現状について話すと、しっかりと理解を示して下さいました。その後、菅義偉内閣官房長官と舛添要一都知事に手紙を送られ、そこにはフクイチの地下に沈んだデブリが中性子線とトリチウムを大量に大氣中に発散させているという、私からの情報も書かれています。しかも、菅義偉氏と舛添要一氏に情報を上げただけではなく、ローマ法王やケネディ大使にも中性子線とトリチウム情報が発信されました。ケネディ大使宛の村田光平書簡は、オバマ大統領が必ず読むことになります。オバマ大統領は、プーチンからの直通電話で「中性子線とトリチウム情報」は得ています。今後、国際社会がフクイチの中性子線とトリチウムに関して、共通の認識レベルに達した時、フクイチのデブリ鎮圧に声を上げる強力なリーダーが出るか否かです。私は、プーチン、習近平、オバマ、メルケルの四人のコラボによるリーダーシップが形成されると思います。

村田先生は確かな国際的信用力と世界的な人脈をお持ちの方です。この結末を、国際社会は注目するでしょう。世界的な要人の誰かが、中性子線とトリチウム情報に言及したら、日本政府の国際的な信用が完璧に失墜するからです。村田先生の行動はまさに命懸けです。私の目に間違いはありませんでした。このような人物こそが本者であり、国士です。村田先生の「村田光平 Official Site」（kurionet.web.fc2.com/murata.html）は必読です。その中の「近況報告へジャンプ」は、常にチェックして下さい。

村田先生とお別れする際、先生がまとめられた『現代文明を問う――新しい文明の創設と地球の非核化を求めて』という青い小冊子を頂戴しました。読んで驚いたことは、17年も前から原発の危険を予測されていたことです。先生はスイス大使であった１９９７年1月、日本の指導層に対して原子力事故のシミュレーションをスイスに倣って行って欲しいと進言されて、結果的にタブーを犯したことに氣がつかれたそうです。日本で原子力の危険性を述べることは反原発の立場をほのめかすこととなり、厄介な問題や不利な結果を招くので避けねばならないような独特の風潮があると認識されたわけです。

先生の反原発の姿勢は一貫して変わることがありません。官僚の中にもこういう人物がいたのかと思うと、とても感動して私が勇氣づけられてしまったんです。一人でも多くの方に、村田先生の素晴らしさを知ってもらいたい。なお、日本や世界の指導層に送られた各書簡は、前記の先生のサイトで見ることができますので、是非、ご覧下さい。

天意に沿って生きる　ごまかさない、逃げない、怯えない

フクイチの問題は、地球全体の最大緊急課題です。私が水蒸氣問題を言及し始めた２０１５年の春頃は、他に探しても誰もそのことについて言及していなかった。その後、新井信介さん（「京の風」www.k2o.co.jp/blog4/）も同じように訴え続けてくれて、他にきのこちゃん、亀さん（「人生は冥土までの暇潰し」toneri2672.blog.fc2.com/）、cmk2wl さん（twitter.com/cmk2wl）くらいでしょうか。本当に少数派だね。

中国が２０１５年7月に尖閣上陸の構えを見せたのも、フクイチの放射性水蒸氣が原因で、その鎮圧の最大の障害は日本政府です。それにしても、いつまでも目を背けたり、考えないように思考を放棄したりしたところで、地球が抱えてしまっているフクイチの問題がなくな

るわけがありません。海外の方がはるかに日本の現状を認識していて、はるかに危機感を感じています。知らないのは大半の日本人です。嘘はどんなに取り繕っても、いつかはわかってしまうんだけどね。人は騙せてもお天道様は全部をお見通しです。

人間は自分で生きているように思いがちですが、生かされているだけです。神、宇宙意識、天など表現はまちまちですが、そういう人智の及ばない大宇宙の摂理の中で生かされている、本当にちっぽけな存在が人間です。ならば、宇宙のルールから外れるようなことをすれば、そのしっぺ返しがあるのは当たり前です。今のフクイチの問題がそれを端的に証明しています。人間を生かして下さっている存在の立場になって、もう一度、この大問題を本氣で真剣に考えなければ駄目です！

私は今後も自分の信念に従って、今まで通りにビシッ！と情報発信をしていきます。怯えたり、ごまかしたり、保身したり、逃げたりはしない！なぜなら、私はこういう生き方しかできないからです。そういう意味では、どうしようもない不器用者だね。本来、私は超現実主義者であって、この3次元社会では十分に成功した人生を送って来れたと思います。ただ、自分の魂にだけはね、嘘はつけないんだよね……。だから、流されて生きることが私にはできないんですよ。

第2章　精神世界

魂

智慧が宿る場所は脳幹だけでなくて、魂みたいな部分と言えるのかも知れないね。魂としか言えないような物の中に、国士の精神も智慧も宿るんだと。そのように定義するならば、魂は美しい言葉だと思うんです。ただ、万人に魂があるかと言うと、そういう意味での魂はないですよ。国士の精神と智慧は後々まで消えずに残る物です。遺伝子みたいな物と言えばわかりやすいですかね。

遺伝子に関してはリチャード・ドーキンス(進化生物学者、動物行動学者)が、ミーム(meme)というアイデアを作って概説しています。これは、人々の間で心から心へとコピーされる情報のことです。私の考え方を表現している私のブログ(文字、写真、映像など)を読み取った人が、共感してくれて、私と似た考え方や生き方になってくれます。

２０１５年６月に東京で講演会をした時、主催者が雇ってくれた護衛以外にも、自主的に私を護衛して下さった方が四人もいました。彼らは私のブログを通して私に共感してくれて、命懸けで行動して下さったということは、私からミームを受け取ったことになります。そういう意味で、魂は不滅です。

臨死体験

２００５年７月７日、大阪で仕事中に熱中症のような症状になって、病院に運ばれたところ、病名が多臓器不全でした。これは生命維持に必要な複数の臓器の機能が障害されてしまい、生存率は10〜15パーセントと言われています。

私は救急車で運ばれたものの、肺水腫を起していて肺に胸水が溜まり続けて止まらない状態です。近くにあったゴミ箱を取ってもらって、溜まっている胸水を吐き出したら、きれいなオレンジ色でした。まだ59歳でしたし、こんなに早く死にたくなかった。やがて、顎で呼吸するようになって、「仕事も未解決の案件がいっぱいあるのになぁ……」と思っている内に、ス〜〜ッと死んで行ったんです。今、その時の光景を思い返してみると、きれいな霧のような、明るいというのか、呼吸もしなくても、ただ、泳いでいるような浮いているような、非常に清澄な液体の中を漂っていた記憶が、鮮明に記憶に残っています。

しばらくして、「飯山さん！飯山さん！」という声が聞こえたんです。

「あれ?! 俺、生きてるじゃん!!」

死んだという記憶も残っていましたからね。とにかく俺は生きている！ ハッ！ と目を開けたら、嫁から子どもまで全員が立っていました。この間、16時間だそうです。医者は「一瞬、蘇生してもまた死にます」と言って、まだ家族全員が泣いているんです。

氣力と氣合いでやっと立ったものの、グラグラしていたら、医者が「でも、持ってあと1ヶ月でしょう」と言うんです。それでも、腎臓透析の機械と人工呼吸器をそれぞれ2台用意してくれて、なんとか一命を取り止めることができました。

その一部始終を見ていた私の秘書の女性は、私が救急車で病院に運ばれてから生き返るまでの記憶だけでなく、その後の記憶も含めて10ヶ月間の記憶が完全に消えてしまいました。私を診てくれた医者は、今でも私が電話をすると、私が生きていることを信用してくれません。

臨死体験が本物か否かというのは、記憶というか魂の一部分にホクロのように常に存在していて、普通に人と会話している瞬間でも、いつもどこかで「俺は死んだ」と意識しているんです。その思いが生きるバネになっていて、不思議と死は怖く感じなくなりました。

「いつだって死んでやるぞ!」という想念がいつも根底にある。私が何事にも物怖じせずに堂々と生きれているのも、この臨死体験のお陰だと思います。

人生は一度きり

私は輪廻転生は信じていません。仏教が最初に出した概念で、「前世が〇〇〇だった」「来世は生まれ変わって〇〇〇になる」という類は一切、全く信じていないです。輪廻転生を信じているという人ほど、この現世をよく見ていませんね。そういう思想的な弱点があるんです。輪廻転生を信じ込ませた仏教の現実逃避性がここにあります。それを信じている人との会話では普通に話も聞きますよ。別に議論を戦わせる必要もないですからね。ただ、輪廻転生を本氣で語っている人の現実認識は、甘過ぎて聞いていられません。輪廻転生というテーマで会話することは、その人がどの程度の現実認識をしているのかという観察をするには、うってつけですね。

この世に生を受けて生まれた人は誰もが意味があるはずです。でも、その人が生きた存在価値と意味を、発揮できないまま死んでいく人がほとんどです。たまたま私は運が良くて、私の存在の意味と影響力とを行使できる立場に恵まれてはいます。まさにインターネットを支えるＩＴのお陰です。ブログがなければ私の存在もないも同然です。ある条件の中に入ると、その人の生まれた意味や存在価値が生かされるにもかかわらず、大多数の人々はその環境に恵まれません。

アセンションを経て、ブログの読者からの電話相談にも丁寧に真剣に応対できるように！

敬愛する真の愛国者、西郷隆盛。西郷さんから受け取ったミームを魂として受け継いでいく。

アセンション

精神世界でよく使われる「アセンション」の定義ですが、一般的に言うならば、今までとは全く違う精神的な別のステージに上がっていくことなんでしょうね。私にとっての「アセンション」とは何か？　この日本が放射能まみれの国になってしまって、その環境の中で、いかにして自分自身と自分の家族、親友、同志が生き延びていくかについて、膨大な量のメッセージをブログなどで発信して来ました。このことによって、私自身が逆に健康になって、精神的にも穏やかになって、喧嘩もしなくなってしまいました。

昔は短氣で喧嘩っ早くて氣性が烈しかったのに、今では自分でも驚くほどに優しくなってしまいました。毎日のようにブログの読者の方々から、悩み相談などの電話があり、最後まで丁重に応対ができますが、昔はそれができなかった。そういう意味で、私は「アセンション」したと思います。ただ、次のステージがまだ見えないんですよ。

不安な時代のスピリチュアリズムとの付き合い方

基本的には、人間は精神的な存在です。ただし、そのスピリチュアリズムを商売のネタにしていることには、十分に注意しないといけません。現代は貨幣経済の世の中なので、スピリチュアルを生活の糧にすることは否定しません。問題なのは、必要以上に高額な請求をしたり詐欺に利用されることなんです。精神主義を前面に打ち出して、洗脳の材料にして、素晴らしい思想にもかかわらず、それを詐欺商品に利用しているケースがあるわけです。今は特に不安な世の中なので、スピリチュアル詐欺師には最も氣をつけなければいけない。見えない世界だけに、下手に巻き込まれてしまうと、そこから抜け出るのが大変です。あまりにも高い金額を要求してくる場合、詐欺だと思って間違いありません。私は、常に自分自身の「内なる声」を大切にするように心がけています。

体験の重要性と覚醒

私は24歳の時、石油危機で大儲けをして数千万円もの大金を稼いでしまったので、日本と外国の間を行ったり来たりでほとんど家にはいませんでした。でも、若くして大金を持ってしまったものだから、私も若氣の至りで、まさに悲喜こもごもの人生経験を短期間ですべてしてしまいました。いい年をした大人が金や異性問題で脱落してしまった例をたくさん見てきましたけど、彼らは若い時にすべき人生経験が足りなかったと思いますね。

人間は肉体がある以上、誰でも欲望があって、それを無理に押さえつけて禁欲していると、いつか必ずその反動が来ます。だったら、人様に迷惑を掛けない限り、その欲望は徹底的にやりきることです。異論はあるでしょうが、私はそう思います。そのための大切な練習期間が若い時です。

経験を積んでいくと、「な〜んだ、こんなもんか」と達観してしまうはずです。そこまで経験を積んでしまえば、欲望に負けて墓穴を掘るようなことは起こりません。精神世界では「覚醒」とか「目覚め」という表現をよく目にしますが、この3次元の物質社会で生きる上では、徹底的に体験することが、そのための一番の近道かも知れません。少なくとも、生きる上での眼力は確実に磨かれます。本を読んだり講演会や勉強会で知識が身に付いたら、それを鵜呑みにせずに自分で検証と確認する作業が必要です。体感なくして覚醒はないと思います。

第3章　理想の世界

真の愛国心

アメリカと一緒に日本を発展させようというのは愛国心ではありません。真の愛国心とは、隣国の存在を尊重しながら、自国を守り発展させていくために、一人ひとりが国家社会に貢献する氣概です。その行動力を持った人間が真の愛国者だと思います。

地球上に日本しか存在しないのであれば愛国心は必要ありません。政府や一部のマスコミがわざと煽ることで、根拠のない憎悪心が作られ、その結果、隣国を敵視するように仕向けられてしまう。国内の不満のはけ口を、故意に作った敵国に国民の目を向けさせることでごまかして、憂さ晴らしの対象にする。これを「内憂外患」と言います。これには十分に注意して、振り回されないことが肝要です。

大手のメディア、テレビや新聞などの流す情報はコントロールされている場合が多いので、よく自分で吟味することです。

天皇と皇太子への想い

天皇も皇太子も日本文化そのものだと思います。そして、本当にレベルの高い国際外交は皇室にしかできないでしょう。ただし、日本文化の存在自体が権威ですから、これを利用する輩（君側の奸）に揺り動かされ騙された結果、昭和天皇は戦争犯罪人だと思います。しかし、今の陛下はそのすべてを知って、その罪滅ぼしという意識は明確にお持ちです。今の陛下の人格形成期は戦争中で、戦争末期、東京空襲に備えて侍従長を引き連れて日光の田母沢御用邸へ疎開されていました。

今、日本が国家存亡の危機に瀕している時、国民の健康を心の底から心配しておられるのは、天皇、皇后両陛下と皇太子さまなどの一握りしかいないでしょうね。皇室の親戚の麻生太郎元総理はボンボン育ちで、皇室の方々の真剣な思いはわかっていないでしょうね。今も日本では中性子線を出す放射性物質が飛んでいるわけです。激烈な民族の消滅が起こっていく危機的状況の中では、天皇陛下がプーチンと組んで日本人に出すメッセージが日本を救うことになると思います。マッカーサー元帥が昭和天皇を利用したように、プーチンも天皇陛下を利用するでしょう。最後の最後まで天皇は日本国民を統合する象徴であられるということは間違いないと思います。

２０１５年11月18日、皇太子さまが米国の国連本部において、「人と水とのより良い関わりを求めて」と題して、英語で35分ほどの講演をされました。そして、ここからが実は大事なことで、同時期に国連で開催された「ハイレベル・パネル」という国連の最高顧問会議にも要請されて出席されていた。「ハイレベル・パネル」は「ビルダーバーグ会議」や「３００人委員会」にも匹敵する世界最高賢人会議であり、これは世界的には途轍もない意味を持っています。今の日本は国体と政体が真っ二つに分かれてしまっていますが、これからは皇室がいよいよ動き始めます。

世界の理想郷　江戸時代

私が子どもの頃、祖父や祖母から江戸時代についての話を聞かされたことはありませんでした。漬物、タバコ、キセル、和薬（煎じて飲む生薬）など、今の日本人の生活のほとんどは江戸時代に生まれています。私も子どもの頃、縄の萎え方、火の点け方、ご飯の炊き方など江戸に成熟した文化を身を以って教えられて、後になって、どれもが江戸時代の文化だったことに氣づいたわけです。文化とはそういうものだと思います。麻の紐、絹、蒙古木綿、綿から糸を取ってその糸を織って綿布にする方法、蚕の飼い方、桑の木の育て方、綿の花を成長させるために漬物汁（乳酸菌）を入れたりね。

角宣昭氏（浮世絵収集家）が、江戸文化の精華・初代國貞（実は三代歌川豊春と同一人物）の浮世絵を見せてくれたことがありました。その一枚が國貞作の浮世絵、隅田川河畔での昼食会の光景でした。ウェイトレスが客の旦那に渡そうとしている冷そうめんの水は、なんと隅田川の川水です。それほど、江戸時代の隅田川は清澄だった。これには驚きました。

江戸時代を知るには、渡辺京二氏の『逝きし世の面影』（平凡社）が秀逸です。江戸末期から明治時代の初期にかけて日本を訪れ、世界に類を見ない日本の精神文明を体験した欧米人の手記や書簡が収録されています。江戸は人類史上最初で最後の共生都市だったかも知れない。歴史は常に時の権力者によって都合の良いように書き換えられます。ＧＨＱの統治下、戦前の日本のほとんどが悪とされたように、明治新政府の正当化で江戸も否定されたわけです。来日した欧米人は日本に初めて遭遇して、当時の江戸をどう感じたのか？　日本を初体験した多くの欧米人の印象を知ることで、現代の私たちも客観的に江戸時代が想像できると思います。同書の中から、幾つかを引用させていただきます。

「日本人は私がこれまで会った中で、もっとも好感の持てる国民で、日本は貧しさや物乞いのまったくない唯一の国です。私はどんな地位であろうともシナへ行くのはごめんですが、日本なら喜んで出かけます」（オリファント）

「彼らの無邪気、率直な親切、むきだしだが不快でない好奇心、自分で楽しんだり、人を楽しませようとする愉快な意志は、われわれを気持よくした。一方、婦人の美しい作法や陽気さには魅力があった。さらに、通りがかりに休もうとする外国人はほとんど例外なく歓待され、『おはよう』という気持のよい挨拶を受けた。この挨拶は道で会う人、野良で働く人、あるいは村民からたえず受けるものだった」（ブラック）

「平野は肥沃で耕され、山にはすばらしい手入れの行き届いた森林があり、杉が驚くほどの高さにまで伸びている。住民は健康で、裕福で、働き者で元気がよく、そして温和である」（オールコック）

「よき立ち振舞いを愛するものにとって、この〝日出る国〟ほど、やすらぎに満ち、命をよみがえらせてくれ、古風な優雅があふれ、和やかで美しい礼儀が守られている国は、どこにもほかにありはしない」（アーノルド）

江戸時代が終わって明治時代になり、それ以降の歴史は日本が欧米の文化・文明に汚され、穢され、汚染されてきた歴史でもあります。経済的豊かさを獲得したことで生活が便利になったことは、ありがたいことです。でも、その代償は計り知れません。

ネイティブ・アメリカンと同じ末路を辿る日本人

私たちの先祖であるモンゴリアンがアリューシャン列島を渡りながら、何万年もかけてアメリカ大陸に渡って、ネイティブ・アメリカン（インディアン）になったという説があります。当時、ネイティブ・アメリカンが２０００万人いたという学者の説によれば、その内の１７００万人が殺戮されて、３００万人しか残らなかったそうです。今までの世界史では、人間が最も亡くなった（殺された）のがこの殺戮で、広島・長崎の原爆や3・11、ホロコースト、南京虐殺などの比ではありません。コロンブスや入植して来たメイフラワー号の白人たちの悪魔的な虐殺の対象になってしまったことが、彼らの不幸でした。

今の日本人も彼らと同じような状況になりつつあります。白人が作り出した原子炉の不良品を押し付けられて、甚大な原発事故が起こって、対処さえもできない。全く彼らと同じように虐殺の対象となっています。歴史はまさに繰り返します。彼らは消滅した人口が1、７００万人でしたが、今後の日本人はそれでは済まされないでしょう。

お金のない世界

世界はやがてお金のない世界になるというような意見がありますが、これは全くの空想・妄想の類です。お金のない人が自分自身の貧しさを忘れたいがために言っている場合や、経済的に裕福でもお金一辺倒の世の中に嫌氣が差して、お金のない世界に美しい理想を求めている場合などがあると思います。人口が数十人程度の小さなコミュニテイならお金は必要ないですが、地球上にいる70億人以上の人間が生活するには、お金は最も有効な手段ですから、それはなくなりません。

ただ、生きていく上で心の持ち方としては、お金に振り回されないという意識を持ち続けることは大切だと思います。今の貨幣経済制度の弊害は、万物の霊長であるべき人間が、お金に振り回されていることです。お金を扱う側の人間の意識は、とても重要です。

フリーエネルギー

今後もフリーエネルギーの可能性はありません。フリーエネルギーでも火力発電でも原発でも、現代社会が途轍もなく電力を消費する社会になってしまっていますから、とてもフリーエネルギーだけでは賄いきれません。どうしても火力は必要ですし、そのためには石油が必要です。石油は世界の限られた地域でしか採取できませんから、これを運搬する巨大タンカーが必要で、そのタンカーを守る軍隊が必要となると軍事的需要は儲かりますから、どうしても軍産複合体制がなくならない。しかも彼らにとって、フリーエネルギーは敵ですから。

ただ、小さなコミュニティの素朴な村などでは、すでにフリーエネルギーで生活している所はあります。江戸時代はロウソク一本で生きてきたわけです。

今の社会のままでは、フリーエネルギー社会の実現は難しいと思います。

エゴ　人間はいつの時代も歴史から学べない

人間には誰でもエゴがありますが、悪いエゴをなくす方法はないだろうね。最も悪いエゴで強欲に利益を追求してここまで成長してきた、軍産複合体（戦争屋）、原発ムラ、医療・製薬の３大エゴ集団が現代世界を支配しています。彼らが顧客である世界中の人間を殺して行き、その被害を受ける第１号は日本人です。これから30年も経てば、今度は世界中の５００基以上もの原発が次々にメルトダウンを始めて行きます。50年後には、世界中が今の日本の放射能まみれのような状態になりますし、大半の人々が死んで行きます。この時、３大強欲エゴ集団の連中も同じように死んで行きます。ただし、放射能に対しての抵抗力と智慧と技術を備えた少数の人々は生き延びて行き、その先には新しい世界が待っているでしょう。

　でも、いくら新しい世界でも、引き続き貨幣経済はつきまとうだろうし、原発ムラに替わる悪魔のようなエゴを持つ新たな勢力が生まれると思います。人間はいつまで経っても、歴史から学ぶことはないという宿命は考えておいた方がいいと思います。私は次の世代の人類に残すための確かなメッセージの手段がないんですが、この放射能まみれの中でなんとか元氣で生きていくことができる人というのは乳酸菌の使い手ですから、彼らは最後の最後まで元氣で生きることができるはずです。このことは私の命の叫びとして、次の世代には伝えようと思っています。

　今、世界が抱えている戦争、放射能、薬のそれぞれの害は、人類を滅ぼす原因になると思いますが、滅びた後、新しい世代の人々が前の世代から引き継ぐものがあるとするなら、それは乳酸菌だろうと思います。これで生きていくしか方法がない。次の世代にも放射能は残っているわけですから。世界中の原発がメルトダウンして、今の日本の放射能まみれの状況が再現される。この中で生き延びる鍵は、繰り返しますが日本人が蓄積してきた乳酸菌の智慧と技術です。

宇宙意識で生きる

長いスパンで見れば、人間の意識の進化はないんですが、少なくとも江戸時代は２６５年間も続きました。この間、日本人らしい文化を江戸と上方を中心にして、大変に高度な江戸文化が生まれたわけで、この中で日本人の意識は進化していたと思います。ここに西洋列強という、戦争と略奪の集団が入り込んできて、日本は破壊されてしまった。中国も中華文化を築いていたのに、アヘン戦争以後、完全に破壊されて文化大革命がそれに追い討ちをかけました。中国は歴史の国で、歴史を文字で表し石に刻んで伝承してきました。これからも一部に拝金主義は蔓延りますが、国家のトップには過去の歴史から学ぶ階級がいて、その教訓を生かしていくことでしょう。ロシアも同じように学んでいます。アメリカは学びたくても、学ぶだけの歴史の蓄積がありません。

人間は精神的な存在だと思いますし、意識の持ち方は大切です。氷山に例えると、小さな一部の表面が顕在意識で、水面下の広大な部分が潜在意識で、さらにその下にあるもっと巨大で見えない部分が宇宙意識ではないのか？ すべてを超越した絶対的な「神の意識」みたいな物かも知れませんね。私は1年以上も養蜂でハチを観察してきて、科学では説明できないハチの飛び方が見えるようになりました。乳酸菌を培養すると、必ず光合成細菌が育ちますが、彼らは放射能を栄養にしています。元氣になった光合成細菌が発生したカロチノイドやビタミンなどを乳酸菌がもらうことで共生している。ハチや乳酸菌のそういう習性も実践研究の過程で氣がついたのであって、それを私に氣づかせてくれたのが宇宙意識のような氣がします。

古代ギリシャの時代、プラトンのイデア論の時代に遡りますが、人は愛について誰かに教わったわけでもないのに愛について知っていたし、正義についても知っていた。この理由は、すでに宇宙意識として存在しているからではないのか？　師のソクラテスはそう語ったと、プラトンは残していますね。宇宙意識とつながるには、大自然の氣を浴びることです。そして、人間社会の中では多くの人たちと交流することです。マスコミの情報だけで世の中を認識していたら非常に危険です。そして、食も大事です。最近は、食べないことで健康になることがわかってきました。今までの食生活の常識は根本から考え直し、もっと大きな宇宙の摂理を捉えることです。表には現れない潜在意識や宇宙意識を探りながら、己を見つめて他人と交流していけば、もっと深い人づきあいができ、世界もより良く認識ができ、己の存在を知ることができると思います。そういう人たちが世の中にもっと増えていくと、つまらない争いごともなくなって、より住みよい社会となると思いますね。

第4章　母なる……

母と嫁

精神世界では、これからは女性が世界をリードしていくというような意見も耳にします。今、日本の女性からは父性も母性もなくなってしまいましたから、その実現は日本では難しいと思います。本来、女性は父性も母性も備えていますので、観念的でもかまいませんから、メディアがその意見を啓蒙していくことには意義があるとは思います。

大正12年生まれの私の母は東京の家庭に育ったお嬢さんで、縁あって栃木に移り住みました。生活風習も言葉も全く環境が異なる中で、必死で子どもを育てました。生きる智慧を田舎の人たちに教わり、自宅の敷地の一部を開墾して野菜を育て、ニワトリを飼い、麦を育てていたので、私は麦踏みもやらされました。必死で生きる母の姿には父性と母性がありましたね。私はその後ろ姿を見て育ちながら、智慧は自分自身で磨く物だと体験的に学ぶことができたわけです。

私の女房とは、幼稚園からの幼馴染でした。私はその頃から元氣な男の子で、今でもそうですが、

「70歳でこんなに人氣者になるなんてね～?!　モデル爺でデビューでもするかな（笑）」

このてるてる坊主みたいな真ん丸い顔が可愛いだなんて人氣があってね、ワハハハハハ！　彼女は私に恋心を抱いてくれていたわけですよ。私の母は愛嬌が良くて自宅に人を集めてワイワイガヤガヤと楽しむことが好きな人でした。

ある日、我が家に彼女が遊びに来て、母と祖母が作り出す楽しい雰囲氣をいたく氣にいってしまうと、彼女は飯山家の嫁になる決心をしてしまったんです。私は妻が欲しかったのに、嫁が来てしまった(笑)。「嫁」という字は「女」に「家」と書きます。だから、今も彼女は、放射能まみれの栃木の実家を「嫁」としてしっかりと守ってくれています。幼少の頃から人生の大半をずっと私と連れ添ってくれている、私の最愛の女性・飯山光江さん。本当に心から感謝しています。みっちゃん、ありがと～～ぅ!!

憧れの人　吉永小百合さん

吉永小百合さん。私は「サユリスト」として、50年以上も彼女に憧れ続けてきました。私だけでなく、同世代の日本人にとっての、永遠のマドンナです。以前、彼女が「女性自身」で瀬戸内寂聴さんと対談し、安倍政権への怒りと原発再稼働反対への思いを話していました。吉永さんは、地震がないような国なら事情が違うと言いつつ、「原子力の平和利用なんてない、核というものは、人間とは共存できないものなんだということを、事故で初めて自覚した」と明言しています。憲法改正、特定秘密保護法などに動く安倍政権の危険性にも目を向けている。スポンサーに臆することなく、ライフワークの原爆詩朗読会を通じ、平和への思いも失っていない。被災地の悲しみを忘れて、東京五輪に浮かれる世相にも疑問を投げかける。彼女は、先の都知事選では反原発を訴える細川候補への支持を表明したように、政治色を嫌う女優が多い中では稀有な存在です。彼女の反戦、原子力否定の考えは、昨日今日のものではありません。大震災のずっと前から同じことを主張しています。彼女のこういう批判精神は、「婦人画報」の元編集長で平和活動家だった叔母の川田泰代さんから受け継いだものだそうです。

　映画「母べえ」を観ましたが、彼女は30歳代の主婦を演じきっています。その中で、彼女がワンピースのままで海に飛び込み、見事な抜き手で泳いでいくシーンがあります。どう見ても20歳代の体力であり容貌です。すごいというより大変な女優です！ まさに日本を代表する大女優です。「母べえ」は、今も進む戦争化の風潮に、改めて力強く穏やかに、「No！」というメッセージを発信した映画です。昔風の言葉で言えば、「反戦平和」の映画です。映画のラストシーンでは、老衰し死の床についた彼女の耳元で、娘が「おばあちゃん、あの世に行けば父べえに会えるね？」と問いかけます。おばあちゃんは娘に、はっきりと「あの世でなんか会いたくない。生きている父べえに会いたい」と答える。会場からは嗚咽が聞こえて、私も溢れる涙が止まりませんでした……。

母なる大地・地球

地球にとって人間はどんな存在なのか？ガイア理論は地球を一つの人格体、生命体と捉える考え方です。今の人類は地球に対して、大変に失礼でひどいことをしでかしています。地球の歴史は46億年近くもあり、ここまで地球を汚してしまっているのは、ここ最近のわずか１００年くらいです。地球にとってはとんでもない困った住人ですが、それでも、小さな蚊が皮膚を刺すか刺さないか程度のものにしか過ぎません。人間なんて、そんなちっぽけな存在でしかない。人間にとって地球という存在は母なる大地です。地球があったからこそ生命が生まれ、私の人生も展開されてきたわけです。地球が辟易しているであろう原発ムラの連中が、この貴重な大自然を滅茶苦茶に破壊してしまっていることに対して、心から申し訳ないと思っています。そして、子どもたちに対しても申し訳ないと思っています。このような氣持ちを持てなければ愛国者とは言えないし、地球を想うことにもつながりません。

第5章　宇宙

森羅万象はトーラスだ！

トーラス学＝位相幾何学（トポロジー）では、宇宙（4次元的な宇宙も含む）と世界の基本構造は、実は「トーラス構造」になっているとされています。宇宙も、地球も、人間の身体も、微生物も、回転、螺旋、渦、振動の運動エネルギー形態で、これらの自然現象を生み出すための基本構造は「トーラス」にあると。

現代の学問の世界で最高レベルにある量子論と量子力学が解き明かした素粒子の動きと振る舞い。これも基本構造は「トーラス」にあります。これが解れば、宇宙創造の原理が「トーラス」にあることもわかります。これは現代物理学では常識です。現代生命科学が解き明かす生命誕生のプロセスも、じつは「トーラス」にあることが解明されつつある。トーラス学を援用した生命科学は、「ＤＮＡトポイソメラーゼ」という不思議な酵素を発見しました。これは、環状の2重鎖ＤＮＡを切断したり再結合したりする酵素で、この酵素は生命体の増殖（細胞周期、細胞分裂）に必須の酵素です。

トーラス学でいう「ＤＮＡトポイソメラーゼ」などの生体内の酵素のはたらきを考慮に入れない再生医学の基礎研究、たとえば遺伝子だけを操作するｉＰＳ理論などは、生体のダイナミズムを見もしなければ知りもしない、試験管の中だけでの児戯（子供っぽい遊び）と言えます。ＳＴＡＰ細胞も同じで、試験管の中だけで万能細胞を作ろうとしても、所詮は研究補助金やノーベル賞など、名誉だけの空虚な金食い虫に脱皮するだけだと思います。つまり、ｉＰＳ細胞もＳＴＡＰ細胞も、再生医学という巨大な医療ビジネス狙いのさもしい研究です。だから、私たちは、毎日を元氣に生きていくために、身体全体を総合的に健康にする乳酸菌に注目し、注力したほうが賢明です。

なぜなら、私たちの身体自体が、実は、連日連夜、膨大な数の万能細胞を自然に生み出す「トーラス」だからです。

スターピープル（Star People）

〝スターピープル〟という言葉は素晴らしいと思います。直訳すると「星の人」。つまり、宇宙の中の一つの星の中の一員という意味です。この広大極まりないであろう大宇宙の中では、地球以外にも、生命や精神や魂が宿るような星々があると思います。その存在にまで想いを馳せながら、今、この地球に生まれた奇跡とありがたさをしっかりと味わうことです。そのためには、単なる五感を越えたスピリチュアリズムも必要です。

現代の日本社会では、貨幣経済社会のシステムに組み込まれた多くの人々が、日々の生活のために働かされて一生を終える場合がほとんどです。そして、それぞれが常に自分のイメージの中で生きています。このイメージの大半が日常生活に関わることです。人間関係の悩み、仕事のこと、将来の不安、子どものことなど、絶えず日常生活のことが脳内にあって、それを毎日、無意識に繰り返しながら時間が経過していきます。地球は広大無限の宇宙の中に点在していて、他にも無数の星々があるのに、そこに意識を向けることもなく、地球の枠の中のさらに小さな環境イメージの世界で生きています。このイメージを少しでも宇宙に向けられるようになれば、その人の人生観は変わっていきます。誰もが本来はスターピープルであって、大金持ちでも貴族でも一般庶民でもホームレスでも、一人の例外もありません。

私の連載を掲載して下さっている雑誌名も「スターピープル」です。お世辞抜きで、このネーミングは素晴らしいと思います。この雑誌の巻末の「スターピープルの方針」の中に、「高次のスピリチュアリティを追求し、〝惑星地球〟という視点に立った新しい価値観、新時代のエネルギー、新時代の共同体、トータルな人間性の開花、進化等を話題として取り上げること」という文章があります。まさにこれからは〝惑星地球〟という視点で生きる時代です。強

「野菜を食べていればカルシウムは摂れる！」インタビュー記事が掲載された「スターピープル44号（2013年春）」を持って。

欲なエゴで生きている連中には、この宇宙意識が全くと言っていいほどに欠落しています。大半の日本の政治家や官僚なども同じで、お粗末極まりない。地球の枠（地球意識）から飛び出して、宇宙の枠（宇宙意識）の中で生きるという意識の持ち方は、とても大切です。

覚醒者

今、日本で覚醒したと言える人は、現在の国内の放射能汚染の実態をしっかりと認識できていることが第１条件です。第２条件としては、漏れ続けている放射能の中でも健康を保つことができて、病氣になってもすぐに治せるだけの免疫力を付けられる智慧と技術を持っていることです。ところが、天皇、皇后両陛下とその側近の方や極少数の日本人しか現在の福島の実態を認識できていないと思いますね。２０１５年の６月にお会いした小泉純一郎元総理も、全くわかっていませんでした。なぜなら、情報が届いていないからです。そういう状況なので、まるで覚醒していない人間が放射能の危険性など、わかるわけがない。いまだに、放射能は安全だと本氣で思っている人が大勢いるんですから。このような覚醒していない人たちが日本の政治経済を牛耳っていますし、覚醒していないとそれさえも見極められない。中性子線の危機に至っては、ブログで真剣に書き続けてきたのは、私と他に数人しかいませんでした。だから、日本人の消滅はもう避けられない。

本当に覚醒した人は、近未来が明確に読めて、イメージできて、実際にその通りになっていく。そこまで読み抜く人が、今、探してもほとんど見当たりません。私を含めて数人くらいでは、永久に覚醒しないまま、盲目状態のまま放射線にやられて死んでいくでしょう。脳神経細胞のシナプスに情報伝達する成分はカルシウムイオンなんですが、カルシウムイオンと全く同じ働きをするストロンチウムがそこに入り込んで放射線を出しているわけです。その結果、判断能力、思考能力、認識能力、危険察知能力のすべてが失われていますから、助かる見込みは難しい。このままなら、残念ですが、覚醒しないまま盲目のまま、日本人は滅びていくんです。

第6章　地球の明日

さらば！ 人口削減論

いまや地球上の総人口が72億人を突破して、まだ増え続けています。

陰謀論の定番に、世界人口削減論があります。世界人口はせいぜい数億人までが適正であって、一部の権力者や白人以外は間引いてしまえと。そのために戦争が仕掛けられ、人工ウイルスやＨＩＶが発生し、ワクチンがばら撒かれ、食品添加物で男性の精子を殺し、家族制度を崩壊させるんだと。その真偽は定かではありません。ただ、私は人口削減論というスタンスは取りません。

昔、川喜田二郎氏の書かれた『ＫＪ法』（中央公論社）という情報整理学は知識人の必読書でした。彼の著作はすべて熟読しましたが、中でも最も影響を受けた考え方があります。それは、〝地球は、生命が増えれば増えるほど豊かになる〟という考え方で、『発想法』（中公文庫）という本で主張されています。私もこの考え方が正しいと思います。

　この地球は微生物が作ってきたわけです。もともと原始地球というのは火の玉で、それが徐々に冷え、巨大な水の塊である海が生まれ、大陸が生まれ、大陸に降った雨が海に流れ込んで、海の水がミネラル水＝塩水になり、海から生命体が生まれました。地球上での最初の生命体は、光合成細菌です。この光合成細菌は地球に降り注ぐ太陽のエネルギー、特に放射線を吸収しながら増殖してきました。これが出発点となり、地球上に膨大な種類の生物が発生し始めたわけです。今の地球上の生物の数は少ない方で、３億年前は鯨が海を泳いでいるとぶつかりあったくらいに、昔は生物がたくさん生きていた。私が若い頃、秋に利根川の上流へ行って川に石を投げ込むと、鮭が取れたものです。まさに生命に満ち溢れていたわけです。

　地球には、生命がいくら満ち溢れても養いきれるだけのポテンシャルがあります。ユーラシア大陸やアフリカ大陸の広大な砂漠地帯が緑地化し、森や林や農地が増えて豊かになれば、あと２００～３００億人の人口を軽く養えるのが地球です。だから、この地球が一番喜ぶのは、地球上にもっともっと生命が増えることです。これを減らそうなどという考えは、殺人鬼も同然です。今は毎日のように生物の種が絶滅しているじゃないですか。

　最新の研究によると、地球の表面上にいる微生物の総重量の10倍の微生物が、地下にいるとされています。地表と地下の微生物同士が交信すれば、もっと生命体は増えるはずです。残念ながら、地球上の生命を最も殺しまくっているのが人間です。私たちはこのことをしっかりと認識しておかなければなりません。

地球上に日本人が生き残る意義

外国人と比較して、日本人が誇れる特性があるとするならば、心の優しさ、勤勉性、コミュニケーション能力の三つです。中でもコミュニケーション能力は日本人特有です。言いづらいことは遠まわしにしたり、おぼろげにして表現することで、相手になんとなくわからせることができる。相手の氣持ちを察して、相手がどんなことを考えているのか、何を言いたいのか。はっきりとは言わなくてもわかってくれる国は、世界中で日本だけです。日本人とは、日本語を話す民族です。日本語は「いろはにほへと」が58字で、カタカナ、ひらがな、濁点など多様性があり、中国の漢字まで使います。一方、アルファベットは26文字、ロシア語は33文字しかありません。これほど豊かな表現ができる言語は日本語以外には世界に類がありません。この日本語を使う日本人は、もともとはとても心優しかったんです。ただ、経済発展とともにそれがかなり失われてしまいました。それらの三つの特性が残って欲しいし、残さなければなりません。

日本列島は地理的にとても恵まれていて、大陸に接していないので戦争や侵略の心配がなく、四季があり、国土の7割が山林で、周囲を海に囲まれ、米や海産物が採れる。そういう意味では最もアジア的で、ヨーロッパのように外に略奪しに行く必要もありません。このお陰で、特有の日本文化が醸成されたわけです。

3・11の時、大きなパニックにならず、そのモラルを世界は驚き、賞賛したことは記憶に新しいです。これなども日本人が世界に誇れる特性の一つの現れだと思います。この意識みたいなものが世界中に伝播すれば、世界はもっと平和的になるのは間違いありません。ところが、この日本人が邪魔な勢力がいるのも事実です。だからこそ、なんとしても地球上には日本人を残さないといけません。

大航海時代は胡椒の収奪が目的だった

過去の歴史では、地球上で民族同士がぶつかり合う民族の大移動があり、4世紀にはフン族(北アジアの騎馬遊牧民族)が西に移動を始め、当時の東ゴート族や西ゴート族を圧迫して、ゲルマン民族大移動の引き金になって、西ローマ帝国崩壊の遠因ともなりました。特に15〜17世紀の大航海時代が、民族が最も組織的にぶつかり合いました。ヨーロッパ人によるインド・アジア大陸、アメリカ大陸などへの植民地主義的な海外進出の時代で、バスコ・ダ・ガマやコロンブスから始まったとされています。

そもそもヨーロッパ人が海外に進出した経緯は、ヨーロッパは麦の文化だったからです。アジアは米の文化です。米にはほとんどの栄養素が含まれているから、塩と米だけでも生きられます。麦は栄養がほとんどでんぷんでミネラルも少ないので、肉を食べる必要があります。

毎年秋になると、殺した牛・豚・羊・鶏などの肉を保存するために塩漬けにするものの、塩漬けだけではボツリヌス菌とサルモネラ菌が生き返ってしまいます。ヨーロッパの全人口の3割が死亡したとされている黒死病（ペスト）の遠因にも、この二つの菌は関係していました。

肉を保存するには塩以外に胡椒が必要で、これはアジアでしか採れない。ピペリンによる抗菌、防腐、防虫作用があり、冷蔵技術が未発達だった中世においては、料理に欠かすことのできないものでもあり、食料を長期保存するためのものとしても重宝されたんです。

大航海時代の始まりは、実は胡椒を収奪することでした。胡椒を育てるためにアジア人にプランテーションをさせ、同時にお茶やトウモロコシも栽培させました。同じように沖縄の久米島でも、もともとは米を育てていたのに、サトウキビのプランテーションに変えられてしまった。ヨーロッパ人は勝手によその国に来て、彼らのやり方を強要したわけですよ。彼らのように収奪する野蛮人がインドや中国や日本に入って来てから、アジアの不幸が始まってしまったんです。

第7章　私の夢

私の今後の夢

①砂漠の緑化

荒れた土地にグルンバ・エンジンで大量散布した乳酸菌で、豊かで肥沃な大地に土壌改良することは着々と進行しています。実際に大豆も収穫できています。さらにタクラマカン砂漠やゴビ砂漠をすべて緑化したい！　ただ、それはまだまだ先の話ですが、私の夢を共有してくれる中国の同志たちもどんどんと増えています。私の生きている間にできるだけ種を撒いておいて、次世代の人たちがやりやすいようにもしておきたいですね。

②中国の農業革命

中国には巨大な都市が多く、農村集落は１００万ヶ所以上もあって広大無限です。ただ、集落から排出される糞尿と雑排水がどこでも大問題。糞尿は溜め池（エンドプール）に溜められていて、その収集と処理のコストが莫大なので、これをグルンバ・エンジンで処理します。

糞尿は良質の液体発酵肥料に変身し、それを周囲の田畑に散布すると農作物が大収穫できます。

③新日本国の建国

本当に海外移住するようになれば、バイカル湖周辺かブリヤートかキルギスかオルドスかはわかりませんが、その土地で新しい国家創生のために人生を賭けてみたいですね。

遺言「鷹の選択」

２０１３年の夏、私は体質を徹底的に変えて、自分を黒豹のように進化させたと思っています。徹底的な自己変革こそが、この放射能降る日本で最後まで生き残れる秘訣だからです。

２０１２年にseagullmissionさんが日本語訳をつけてアップロードされた動画「鷹の選択」に、とても感動したことがありました。その動画には私の伝えたい想いが凝縮されていたからです。動画の内容は、鷹が生まれ変わるために自己変革する物語です。動画の字幕を一部引用させていただきます(句読点を加えさせていただきました)。

「鷹の選択」

（前略）鷹は約40才になると爪が弱くなり、獲物がうまく取れなくなります。くちばしも長く曲がり、胸につくようになります。羽も重くなり徐々に飛べなくなります。ここで鷹は「二つの選択」に置かれます。このまま死ぬ時期をまつのか、それとも苦しい自分探しの旅に出るか。自分の変化の道を選んだ鷹は、まず山の頂上に行き、巣を作ります。その後鷹はとても苦しいいくつかのことをやり始めます。まず、くちばしを岩で叩き壊しなくします。そうすると新しいくちばしがでてきます。それから、出てきたくちばしで爪を一つずつはぎ取ります。そして新しい爪が生えてくると、今度は羽を一本ずつ抜きます。（中略）こうして半年が過ぎ、新しい羽が生えてきた鷹は新しい姿に変わります。そして、また、空に高く跳び上がり、残りの30年間を生きていきます。

人は誰でも成長することを願います。（中略）人生の価値は「速さ」と「広さ」ではなく「方向性」と「深さ」にあることを忘れない。（中略）最も大切なことを選ぶ「勇気」を忘れない。そして「成長」を求める自分を否定しない。これが生きる意味と向き合う私たちにおくる「鷹」からの「教訓」かも知れません。

本当に鷹がそのようなことをするのか？という意見もあります。私も当初は同じ疑問を多少感じていました。ただ、その後、私自身が少食生活を始めて断食などをしていく内に身体の調子が良くなり、確かに若返り始めている＝再生していることが実感できているわけです。

養鶏場では、老鶏を絶食状態にさせることで新鶏のようにリフレッシュさせる「換羽」という方法があります。これについては菅野芳秀さんのブログ「僕のニワトリは空を飛ぶ」(samidare.jp/kakinotane/) が参考になります。だから、鷹の物語のようなことも本当かも知

山宮神社（志布志市）の大クス（日本で14番目の巨樹）の前で。「私はね、次の世代にきちんとバトンを渡せるまでは、絶対に諦めずに生き抜いて行きます！」

れない。私はその可能性はあり得ると思います。この動画は私の遺言だと思って、是非、観ていただきたいです。ね、皆の衆！

新日本建国神話

これからの新しい世界を引き継ぐ人々へ

江戸時代は人類史の中で、最初で最後の理想的な共生社会を実現していたと思います。そんな美しい日本が、徹底的に破壊されてズタズタにされてしまいました。私はね、これが悔しくて仕方がないんですよ！

ただ、このままでは終わらせません。そのためには、私が東アジアを中心に築き上げてきた膨大な人脈も駆使しながら、日本人存続のために最大限の努力は惜しまないつもりです。

中国の胡錦濤は習近平と李克強を手塩にかけて育て、胡錦濤を命懸けで支えてきたのは、温家宝です。

温家宝を命懸けで守り支えてきたのは、当時の第一副首相、回良玉です。この回良玉の金庫番を務めあげてきた李紅錦という有能な秘書が、４年前、この私に会うために遠路はるばる志布志まで来られたことがありました。これは志布志市では有名な話で、本田志布志市長や和香園の堀口社長もご存知です。この私の人脈に、放射能に関する黄金のトリチウム情報と、超々特殊技術情報を差し上げようと思っているところです。これはまだ序の口で、日本人救済のウルトラCが他にもまだあります。こんな老いぼれ爺さんですが、日本救済のために、私は燃えます！燃えて燃えて燃えて燃えまくる！　でも、萌えたら駄目だけどね、ガハハハハ！

日本の放射能の惨状によって、ロシアどころか中国も泣いています。本来ならば日本列島自体が居住不可能で強制移住区域になっていなければおかしい。私はすぐにでも移住したいけども、一応、日本はまだ主権国家ですから、ロシアも中国も簡単には手が出せません。いよいよその時が来れば、私は家族も引き連れてロシアに移住します。日本列島は、今後の数百年間は人が住めなくなりますから、できれば１０００万人がロシアの領土の一部を間借りしてお世話になって、そこで日本の再構築、復興を願いながら、そのスタートに立ち会いたいです。

22世紀には日本人が世界に冠たる民族に生まれ変われるように願いつつ、私も夢を持ちながら行動していきたいです。23世紀には、かつて百済が日本列島にやって来たように、ふたたびこの日本列島に舞い戻って来て、新たに日本を作り直していく。23世紀までの展望を持って、死ぬまでこの夢の達成のために己の命を燃やし続けていきます。「使命」という言葉は、「命」を「使う」と書きます。

人生は、ただ長生きするのではなくて、いかに己の命を使い切るか。その生きている間の密度が大切です。ネロ（第5代ローマ皇帝）の幼少期の家庭教師も務めたセネカも、「いかに永く生きたかではなく、いかに良く生きたかが問題だ」という名言を残していますね。

今の日本は、生きていても死んでいるようなゾンビ人間が多いです。私もできれば23世紀の新日本国に生まれ変わって新しい日本を見てみたいですけどね。

だけど、とてもそれは信じられませんからね、ワハハハハハ！

出でよ！　新日本人（New Japanese）　乳酸発酵民族が地球を救う！

日本人とその子孫がどれだけ生き延びるかの境目が、今です。国家が国民を助けないんですから、国民がお互いに助け合っていきましょう。私はね、乳酸菌によるマクロファージやＮＫ細胞で武装した免疫力のある、人類史上初めての、放射能にはビクともしないような強靭な体質の日本人を一人でも多く残したいんです。その彼らが、これから移住した先で新しい国を作っていく。そのための基礎作りが、今なんです。ただ、その一点に向けて、私はひたすらブログで情報を発信し続けているわけです。

世界には500基以上もの原発が残っていて、3・11のようなとんでもない事故が今後も起こる可能性は、想定しておく必要はあります。いざとなった時にも慌てふためかないためには、日頃から生きた元氣いっぱいの乳酸菌を培養して摂取して体質を変えておくことです。豆乳ヨーグルトをはじめとした食品で、徹底的に腸内環境をリセットして、強力無比な乳酸発酵人間になることです。そうすれば、余計な心配の必要も要らない。私のように、つまらない不安なんぞ「ワハハハハハ！」と笑い飛ばしてしまうことです！

私はそのためにインターネットを通じてずっと啓蒙してきたわけです。近い将来、強靭な乳酸発酵体質を備えている日本人が、世界中の人たちに乳酸菌で免疫力の高い人間に生まれ変わる方法を伝えていくんです。

現在、乳酸菌を自宅で培養し自分の健康や農作物の生育などに活用する人たちは、100万人の大台に乗っています。この技術と技能は、もっと熟練させれば世界に通用します。乳酸菌や光合成細菌などの発酵菌培養の技術をマスターした技能者たち（バクテリア・マイスター）は、ロシアや中国に移民・移住する時が来たら、玄米を手に入れて乳酸菌を培養して、その土壌を復活させることです。ロシアのシベリアでも乳酸菌は簡単に培養できます。だから、冬でも野菜が育ちます。バイカル湖の近辺は、実は思ったほど寒くはありません。移住した日本人が、乳酸菌でケガレチ（氣枯地）をイヤシロチ（弥盛地）に変えていく。この事実を世

界は注目するに違いありません。その成功例を知った他の人々が、今度は自分たちの土地で乳酸菌を使って大地を肥沃にしていくでしょう。

このムーブメントがいつの日にか大きな世界を巻き込んだうねりとなり、地球のあらゆる場所で乳酸菌が大活躍する日がやって来ます。ふたたび、地球の大地が活性し始めて動植物たちが蘇り、生態系が復活する日も必ずやって来る。その時、母なる大地・地球はどれだけ喜んでくれるでしょうか！　その暁には、地球も元の美しかった頃の姿を取り戻していることでしょう。やがて、世界中が乳酸発酵人類という、いまだかつてなかったような全く新しい存在形態として、まとまっていくことになるでしょう。

私はそうなることを心の底から願っています！

著者紹介

１９４６年1月17日、三人兄弟の長男として栃木県真岡市に生まれる。立教大学法学部卒業。元上海鉄道大学教授。日本グルンバ総合研究所代表。

生家の大量な蔵書に囲まれながら、最も多感な幼少期から青年期を読書と共に過ごす。26年前に中国に渡り、蓬との運命的な出会いにより微生物の研究に着手。

１９９９年、自ら開発したグルンバ・エンジンで乳酸菌・発酵菌の大量培養法を確立し、微生物を使った汚水処理技術と土壌浄化の世界的権威として名を馳せる。

２０１１年3月11日の東日本大震災以降、いまだに収束の兆しがない世界的な放射能汚染の環境の中で、その技術が求められ、浄化にも期待がかかる。

自ら「パラダイムシフト」を標榜し、自身のブログ「飯山一郎のLittleHP」を通じて情報を発信しながら、多くの人々を啓蒙し救済し続けている。

「豆乳ヨーグルト」を世界で初めて考案し、「米のとぎ汁」「爆裂！魔法の漬物発酵床」などの「乳酸菌発酵運動」のムーブメントを作り、いまやその効果で乳酸菌を培養して免疫力を身につけている人たちは１００万人を突破。あらたに「あらびき茶を国民飲料にする運動」「ミツバチ復活大作戦」「医療難民２００万人を救う運動」「少食、微食、不食による日本人強化運動」などを計画・展開しながら、日本人の蘇生を目指している。ビジネスセンスに優れ、ネット販売戦略では手がける商品をことごとく大ヒットさせてしまう、実業家としての顔も持つ。

博識多才で文学、歴史、政治、経済、古代史研究から株式売買まで精通し、マルチな才を発揮。国際アナリストとして、その的確で鋭い分析力は他者の追随を許さず、国内外でも評価が高い。

2015年春、映画「蘇生」「ゼロ・エミッション」（白鳥哲監督）に出演。多くのブロガーの中で、一貫して真実の情報を常に発信し続けている非常に稀有な存在で、その崇高な人間性に共鳴する人たちが後を絶たない。

親分肌で人間的な温かさと優しさに満ち溢れ、茶目っ氣があり、いつも笑顔を絶やさず、その太陽のような明るい性格に魅了されたファンが全国で激増中。講演会では、会場内で所狭しと動き回り、野太く低い声によるエネルギッシュな語り口とユーモアで、聴衆を魅了している。「日本の守護神」「日本の良心・最後の砦」「宇宙船地球号日本丸・船長」として、今、その活躍には最も大きな期待がかけられている。ブログによる情報発信では、幾度となく修羅場を乗り越え続け、その不撓不屈の精神力と乾坤一擲《けんこんいってき》の行動力から、「稲妻魂《いなづまだましい》の男」との異名を持つ。

栃木の生家を守り続ける愛妻・飯山光江さんとの間に四人の子ども、六人の孫を持つ好々爺。趣味は読書、養蜂、ウオーキング。血液型はB型。

著書に『横田めぐみさんと金正恩』（三五館）、電子書籍『儲かる汚泥グルンバ式ビジネス指南書』（共著、白馬社）がある。雑誌「スターピープル」（ナチュラルスピリット）には、44号、45号、48号、53号、55号に掲載され、56号からは「飯山一郎の〝新日本建国神話〟」を連載執筆中。

「人生は死ぬまで挑戦だ！」をモットーに、今後はロシアや中国を舞台にして一世一代の大勝負をかけるべく、ひたすら祖国・日本のために命を燃やし続けている。

今、真の日本人へ回帰する時代がやって来た！

伝《つた》え人《びと》　長川　亮一

武道やスポーツの世界でよく耳にする言葉に「心《しん》技《ぎ》体《たい》」があります。

この言葉の語源が最初に世の中に登場したのは、明治44年に出版された『柔術独習書』（古木源之助、制剛堂）かと思われます。

「第二章 柔術の目的」で、「柔術は如何なるものや」について次のように書かれています。

第一、身体の発育　＝「体」
第二、勝負術の鍛錬＝「技」
第三、精神の修養　＝「心」

この本が書かれたのは、今から１０５年も前でした。なぜ、わざわざこのようなことを書き記したのでしょうか？

それは、明治の当時から、先人たちからの伝承に基づく「心技体」についての考え方が失われつつあったからだと思われます。著者の古木源之助氏は「四心多久間四代見日流柔術」の教師で、最澄（伝教大師）を遠祖とする、富山藩に伝わる歴史ある流派の方です。古木氏はそれに危機感を抱き、警笛を鳴らす意味で「心技体」について言及されたに違いありません。

今、私たちの住む日本という国家と日本人は、歴史始まって以来の最大の危機に直面していると言っても過言ではありません。刷り込まれてしまったエゴに翻弄され、洗脳されていることにさえも氣がつかない大多数の人々。柔術が武術としての本質を見失ってしまったように、日本人が民族の本質を失っていることに間違いありません。

かのアインシュタイン博士やマレーシアのマハティール元首相など、多くの外国人が賞賛した日本人は、すでに過去の遺物です。彼らに尊敬の眼差しで見られた頃の日本人は、「心技体」を備え調和の取れた、世界でも類のない第一級の民族だったはずです。

もう一度、かつての日本人の素晴らしさを取り戻すには、どうしたら良いのでしょうか？

そのためには、私たちが生きている日本社会の本当の実体を正しく理解できていることが必須条件になります。そして、そのキッカケを作ってくれるリーダーが必要で、次の三つの条件、①智慧者 ②慧眼者 ③国士 を備えていないといけません。

日本にいる多くの識者たちは、早い時期から日本が堕ちていく状況を察知して、正しく日本人を導こうと啓蒙を続けてこられていますが、この3点を兼ね備えた人物はごくわずかです。その中の貴重な人物の一人が、この本の著者の飯山一郎氏です。

飯山氏は、3・11を境に、放射能対策を始めとしてさまざまな分野にわたり情報を発信し、相当数の人々を助け、今も勇氣を与え続けてくれています。飯山氏がインターネットを通じて発信される情報には、現代の日本人がしっかりと受け止めるべき、珠玉のような大切な教えが満載されています。その理由は、飯山氏が世界でも有数の智慧者であり慧眼者であるからです。人生をミスリードされずに正しく生きるために必要な羅針盤……、それは知識ではなく、智慧であり慧眼です。

飯山氏が発信する情報によって氣づきや学びを得ることは、目覚めの始まりとなり、やがて覚醒につながるはずです。

「危機」という字は「pinch」「crisis」などに英訳されます。「pinch」には「危機」という意味の他に、「重大な局面」「決定的な段階」などの意味もあり、チャンス（好機）の場合にも「ピンチヒッター」という使われ方をします。日本だけでなく世界も地球も直面している現在の重大な危機的局面を、なんとかチャンスに転換できないでしょうか？

その鍵の一つは、私たちが「日本人としての本質を備えた本来の日本人」に回帰することです。その日本人がお手本となって、世界中の人々の意識（精神）に良い影響を与えて啓蒙していくことです。必ず日本人にはそれができるはずです。

飯山氏の取材を３年以上継続してきて感じていることは、絶体絶命の土壇場で登場してきた救世主のような人物であるということです。メディアが決して流せないような情報も、徹底的に調べ尽くしてブログで公開し、真実とは何であるかということを常に読者に問いかけます。比類のない勇氣と男としての矜持を持ち、ひたすら信念に基づいて活動を続けるその生きざまに共鳴する人たちが増え続け、ブログの合計アクセス数１億を突破し、読者も増えているのです。

３・11以降の大半の日本人は、「見たくない真実」には目をそらし、「安心できる嘘」ばかりを信じていると言えるのではないでしょうか。飯山氏の過去のブログ、講演会録やインタビューなどから構成したこの書籍を通じて、読者のみなさまご自身のために、また、大切な人のために役立てていただけたら幸いです。

２０１６年１月

INFORMATION

文殊菩薩……iiyama16.blog.fc2.com/
放知技……grnba.bbs.fc2.com/
産直情報「ぽんぽこ笑店」……iiyamashop.seesaa.net/
映画「ゼロ・エミッション」……youtube.com/watch?v=H50Fv7z7Ob0
「乳酸菌との共生セミナー」……youtube.com/watch?v=NRsCVx5LOCA

【「ぽんぽこ笑店」姉妹店一覧】
杏仁タイチーのお店屋さん……sibusibusibusi.cart.fc2.com/
温故知新……onkochishin.co.jp/
花立山農業研究所……shop.miraclekun.jp/
オホーツク青空市場……ohouai.com/
小国笑顔わいたネット……oguniorder.blog.fc2.com/
ドリアン大将……doriantaisyo.web.fc2.com/
環境開庸研究所……new-sun.jp/
こだわりの店 大地……kodawaridaichi.com/
コウケンファーム……hatukurupetukuru.web.fc2.com/
新栄運輸……tecchan-water.com/
大東食品……daitosyokuhin.co.jp/

【飯山一郎のブログフレンド会】
きのこのブログ……kinokokumi.blog13.fc2.com/blog-category-9.html
薩摩おごじょのブログ……satumaogozyo.jp/
りおブロ……rio109.blog.fc2.com/
杏仁タイチーのブログ……ameblo.jp/annninntaiti/
澤田農園☆ブログ……konomikanju.blog.fc2.com/
やよＥーのブログ……ogunihibi.blog.fc2.com/
絶食青年のブログ……zesshoku.seesaa.net/
里子の☆ラウンジ……satoko1014.blog.fc2.com/
ココログ里子のブログ……cocologsatoko.cocolog-nifty.com/

◆著　者

飯山一郎　Ichiro Iiyama

1946年1月17日、栃木県真岡市生まれ。立教大学法学部卒業。元上海鉄道大学教授。日本グルンバ総合研究所代表。26年前に中国に渡り、蓬と出会い微生物の研究に着手。1999年、自ら開発した汚泥処理機グルンバ・エンジンで乳酸菌・発酵菌の大量培養法を確立。ブログを通して数多くの日本人を啓蒙している。著書に『横田めぐみさんと金正恩』(三五館)、電子書籍『儲かる汚泥 グルンバ式ビジネス指南書』(共著:木崎貴史。白馬社)。季刊誌「Star People 56号」(ナチュラルスピリット) から「飯山一郎の"新日本建国神話"」を連載。

ホームページ　「飯山一郎のLittleHP」grnba.jp/
ツイッター　twitter.com/iiyama16
電話　090-3244-5829
メール　ii16@plum.ocn.ne.jp

◆編者・撮影

長川亮一　Ryoichi Nagakawa

神奈川県生まれ。"伝え人"として世界中のStar Peopleを探し歩きながらメディアを通じて紹介。編纂書に『愛だ！上山棚田団――限界集落なんて言わせない！』(協創LLP出版プロジェクト著。吉備人出版)、『だいじょうぶ！』(中野宗次郎、グレゴリー・サリバン著。ナチュラルスピリット)がある。季刊誌「Star People」では「丹波 − 浪速 道の真人間紀行」を連載しながら、日本の未来を切り拓いていく人々の発掘を続けている。

飯山一郎の
世界の読み方、身の守り方

●

2016年1月31日　初版発行
2016年2月1日　第2刷発行

著者／飯山一郎

取材・構成／長川亮一
編集・DTP／来馬里美

発行者／今井博央希

発行所／株式会社ナチュラルスピリット
〒107-0062　東京都港区南青山5-1-10　南青山第一マンションズ602
TEL 03-6450-5938　FAX 03-6450-5978
E-mail info@naturalspirit.co.jp
ホームページ http://www.naturalspirit.co.jp/

印刷所／中央精版印刷株式会社

ISBN978-4-86451-189-6 C0010